स्वच्छ भारत

स्वच्छ भारत

महेशचन्द्र म. झुनझुनवाला

GenNext Publication

स्वच्छ भारत

ISBN: 978-93-8022-279-0

मूल्य : 290

भारत में सन् 2015 में प्रकाशित
जेन नेक्सट पब्लिकेशन
5, अंसारी रोड, दरियागंज
नई दिल्ली– 110002
फोनः– 9811692060
ई–मेलः– gennextpublication@hotmail.com

लेजर टाईप सेटिंग :– लक्की ग्राफिक्स, दिल्ली
मुद्रितः रेप्रो नॉलेज कास्ट लिमिटेड, ठाणे

Dedicated to

Sri Narendra Damodardas Modi
Hon'ble Prime Minister

विषयसूची

1

"गन्दगी मुक्त हो, भारत महान"

मोदी ने झाड़ू लगा के, छेड़ दिया, स्वच्छ–भारत का अभियान
भारत को स्वच्छ बना के, पूरा करना है, बापू का अरमान

देश की प्रजा ले ये ठान, स्वच्छ रखेगें, गली मोहल्ले, मकान
मिटायेगें, गन्दगी का नामो निशान, मिल के करेगें, श्रम का दान

प्रदूषण, गन्दगी से आये, महामारी का तूफ़ान, लोगों की जाये जान
स्वच्छ–भारत से होगा कल्याण, बीमारियों से मिलेगा निदान

कचरा, कूड़ा फैलाने वालो के खींचो कान, दोषियो पे, दण्ड का हो प्रावधान
तन, मन, धन, से दो योगदान, स्वच्छ–भारत होगा, महा बलवान

पशु, पक्षी, जानवरों से लो ज्ञान, जगह को साफ करके बैठते स्थान
पुराणों में मिले प्रमाण, शुद्धता पर, मां लक्ष्मी हो विराजमान

देश में घटेगा विपदा का तापमान, लोगों का, भारत में बढेगा रुझान
दुनिया में, भारत का होगा सम्मान, पूरा भारत बने गुलिस्तान

करो स्वच्छ–भारत का ऐलान, सेवा में भागीदार हो हुक्मरान
सहयोग करे बच्चे, बुढ़े, जवान, करो स्वस्थ भारत का निर्माण

प्रजा के चेहरे पे दिखेगी मुस्कान, ना मरेंगे, पशु–पक्षी और इन्सान बनना है स्वच्छ–भारत के यजमान, चुकानी है, देश–सेवा की लगान

बापू ने, मैला–प्रथा पे लगाया व्यवधान, हरिजन का, ओहदा किया प्रदान मोदी ने पहने सफाई के परिधान, गाँधी के भारत को बनाना है महान्

"भारत माता की जय हो"

2

"काँग्रेस को ना देना वोट"

देशवासियों, काँग्रेस को ना देना भूल से वोट
महंगाई ने मारी, गरीबो के पेट पे चोट

    काँग्रेस की नीयत में, कपट और खोट
    भ्रष्टाचार ने, देश का गला दिया घोट

काँग्रेस ने पेट भरके खाये, भारी नोट
बीच मझधार में, डूब गया, देश का पोत

    राज किया, लेके तुष्टिकरण की ओट
    काले बदन पे, पहने उजले कोट

गरीबों को ना नसीब, दो वक्त के रोट
आम आदमी के बदन पे, ना बचा लंगोट

    हिन्दू मुस्लिमों के बीच, खड़े कर दिये गोत्र
    पाप की कमाई खायेंगे, पोत्र और पड़पोत्र

भूख और कर्ज से, हो रही हजारों मौत
काँग्रेस ने, दस साल में, दे दिये अपने पोत

लूट के भारत माँ को, हो गये लोट–पोट
देश चलाने का, काँग्रेस से छिनलो रीमोट

मोदी जलायेगा, देश–प्रेम और तरक्की की ज्योत
धरती को चीर कर, पैदा करेगा, समृद्धी के स्त्रोत

"जय बोलो मोदी महान् की"

3

"भारत देश हो सबसे न्यारा"

बी.जे.पी का, है ये नारा, देश में हो भाईचारा
मुल्क में, रोटियों का हो, पूरा–पूरा बटंवारा

भूख बीमारी से, ना मरे भारतवासी हमारा
बलवान बने, दीन–हीन, कमजोरों का सहारा

देश लगे हमें, जान से ज्यादा प्यारा
ना बने कोई, मानवता का हत्यारा

भारत माँ पे, जीवन करो न्यौछारा
मिल के मनाओ, होली ईद त्योंहार

राष्ट्र–धर्म बेच के, ना खडी करो मीनारा
अमीर गरीब के बीच, ना हो ऊँची दीवारा

ऊँच–नीच, जात–पात, ना पांव पसारे
झोपड़ियों में दिखे, खुशियों के उजियारे

कमर तोड़ मंहगाई, लोगों को ना मारे
योण दरिदों का, न्याय कर निपटारे

सजायाफ्ता ना पहुंचे, लोक सभा के द्वारा
दुष्मन मचायें उत्पात, जबाब दो करारा

हकीम खान था, राणाप्रताप का सिपहसालारा
अकबर का, मानसींग था साला, सैना का मुखियारा

तुलसीदास की रामायण पे, अकबर हो गया न्यौछारा
अकबर ने तुलसीदास पे, हजारों ऐकड जमीं को वारा

सारे जहां से अच्छा हो, हिन्दुस्तान हमारा
देश सेवा, सिख, इसाई, हिन्दू, मुस्लिम का नारा

''जय भारत माता की''

4

हिन्दू सम्राट को देनी है श्रद्धांजली

चुनावों में, बाला साहबे को देनी है श्रद्धांजली
केशरिया ध्वज को, फहराना है गली गली

ठाकरे, राष्ट्र–प्रेम और हिन्दुत्व पे, हो गये बली
लोक–मन्दिर के आंगन में, खिलेगी कमल की कली

भगवे की भँवर में, बहेंगे बड़े बड़े बाहूबली
मोदी लहर से मची है, विरोधियों में खलबली

मोदी के आगे, तुष्टिकरण की राजनीति ना चली
कांग्रेस के पापो की, पूरे देश में होली जली

भारत माँ के धावों पे, मोदी देश प्रेम की मल्लम मली
गली, मोहल्लों, कस्बों में दिखेगी भाईचारे की रग रली

रात के अंधियारों में, ना जायेगी इज्जत कुचली
भष्ट्राचार की कमाई की, ना भरेगी पाप की गढली

CBI और हाकिम, ना बनेगें सरकारी कढपुतली
देश सेवा के नाम पर, भारत माँ ना जायेगी छली

राष्ट्र भक्ति के जज्बों की, बजेगी ढपली
मानवसेवा–दयाभाव की, मंडरायेगी बदली

योण दरिन्दो की, ललनाये, तोड़ेगी हड्डी पसली
देश का विधान, गद्दारो की हालत करेगा पतली

चुनावों के नतीजों में दिखेगा, कौन है असली–नकली
होगा देश में स्वराज, शहीदों को मिलेगी तस्सली

एन. डी. ए. की जीत से, देश की तकदीर जायेगी बदली
आम आदमी की आस और विश्वास ना जायेगा मसली

''जय भारत माता की''

5

"नरेंद्र, माताश्री हीराबेन का लाल"

धन्य है माता श्री हीराबेन, जना नरेंद्र जैसा लाल,
उँचा किया देश का भाल चाय बेचने वाले लड़के ने,
किया कमाल, चुनावों की रणभूमि में, रची मिसाल

मोदी के घूंआधार भाषणों से, राजनीति में आया भूचाल,
तुष्टिकरण की ना चली–चाल विरोधी होस खो दिये,
सुन मोदी की दकाल, धुरंधरो पे बरसा, बन के महाकाल

सुरमां, बाहूबली, मैदाने जंग में दिखे बदहाल, मोदी ने,
रूप दिखाया विकराल महारथियों की दिखाया, आकाश पाताल,
सत्ता के कुबेरे को, राजनीति में किया कंगाल

मोदी के माथे पे, लगाई भरोसे की गुलाल,
प्रधानमंत्री का साफा बांधा, मोदी का कपाल देश की
जनता लोकतंत्र की ढाल, प्रजातन्त्र के खम्बों पे,
टिका भारत विशाल

महंगाई से, देशवासियों का जीना हो गया मुहाल,
रिश्वत खोरी से हो गये बेहाल आम आदमी ना मरेगा,
रोटी से भरा होगा थाल, भूख ना उधेड़ेगी, गरीबों की खाल

पाके तुझ को, देशवासी हो गये निहाल, ना होने दिया,

ईमान–सम्मान हो हलाल खुददारी बेच के, बन सकता था मालामाल,
सब कुछ लुटाके भी, ना है कोई मलाल

कपटी, अधर्मी, ना बुन सकेंगे कपट के जाल, मलाईदार ओधे पे,
ना मचेगा बवाल अमीरी, गरीबी की, ऊँची ना हो दीवाल,
मिलके मनाओ, होली, दीवाली, ईद और नाताल

अब अच्छे दिन आने वाले है, लोगों का ख्याल, ना बचेंगे,
योण दरिंदे और मवाल सत्ता के गलियारो में,
ना दिखेंगे देश बेचने वाले दलाल, सपूतों का,
ना होगा बांका बाल

पाक और चीन, ना दिखाये शस्त्रो का उबाल, करी खूरापात,
जमी पे दिखेंगे कंकाल आतंकी, नक्सली ना समझें,
भारत को धर ससुराल, गोलियो से होगी आलबाल

गुजरात में जली सम्रद्धी तरक्की की लो, पूरे देश में जलेगी,
विकास की मसाल भारत का, सुख–सम्पदा से भरेगा भण्डार,
भारतवासी दिखेंगे खुशहाल

मोदी को, देश–भक्ति का ख्याल, गाये देश के गुणगान,
ये राष्ट्रभक्त कब्बाल अब पापियों कि, ना दलेगी दाल,
ये सपूत प्रहरी, ना लूटने देंगे देश की टकसाल

ना दिखेंगी, लोक–मन्दिर में चोकडी चंडाल,
देश पे जान लूटाने वालों का, नहीं है अकाल मोदी के कामो का,
असर दिखेगा तत्काल राष्ट्रप्रेमी युवा खून का, दिखेगा उछाल

मोदी ने, हीराबा की, तुलसी की खाई छाल, बा की गायमाता का
दूध पीया, बनके ग्वाल देश पे न्योछार होगा, हीराबा का लाल,
उढायेगा भारत माँ को देश–प्रेम की साल

''जय भारत माता की''

6

"चाय वाला लड़का, दावेदार प्रधानमंत्री पद का"

देशवासियों, मोदी को देना एक मौका
हिन्दू–मुस्लिम में, खूब दिखेगा ऐका

भारत देश बढ़ेगा आगे, मोदी को देना टेका
वशंवाद से छिनलो, देश चलाने का ठेका

कांग्रेस ने, देश की गरिमा को, कचरे में फेंका
सत्ताधारी समझे, भारत माँ का घर, है मैका

जनता ना विश्वास करे, कांग्रेस के कहेका
मोदी को कोमी कहके, जात–पात के पापड़ सेका

मोदी लिखेगा, भारत की तकदीर का लेखा
कर्मठी, हाथों से बदलेगा, देश की रूपरेखा

विरोधी, मोदी के आगे दिखे, खाली खोका
मोदी जितेगा चुनावी मैच, लगा के चौका

भारत के रहवासियों को, मोदी लगे अति चौखा
देश की तिजोरी पर, ना कर सकेगा कोई मोखा

मोदी हवा नही, है ये आंधी का भारी झोंका
भंवर से निकालेगा, देश की डूबती नोका

मोदी के हाथों में, तरक्की का डोका अनोखा
चाय बेचने वाला, ना करेगा देश से धोखा

साबरमती के संत का, मोदी ने चलाया चरखा
गुजरात में चमका, पूरे देश में जायेगा परखा

रोटी कपड़ा मकान पर, हक होगा सबका
देश करेगा उन्नती, ना दिखेगा गरीब तबका

मोदी देश का सिपाही, मुहताज नहीं पद का
गली मोहल्लों में, फूल खिलेगा कमल का

मोदी चाय पिलायेगा, देके राष्ट्र प्रेम का तड़का
देश पे जान लुटायेगा, चाय बेचने वाला लड़का

"जय भारत माता की"

7.

"मोदी बना मंत्री प्रधान, देना है देश सेवा का इम्तिहान"

प्रजा ने मोदी को थमाई देश की कमान,
नरेन्द्र भारत का अरमान, आन, बान और शान देश भरेगा
विकास की उँची उड़ान, अपने बलबुते पे होगा,
भारत का घोर उत्थान

प्रजातंत्र में मतपत्रों से बने सुल्तान, प्रजा से छोटा है
दीवान, प्रजापती देश का दरबान बादशाह ना करे काम,
रंक बने दोबारा हो जब मतदान, संविधान से कोई नही महान्

खेत, कल–कारखानों और विज्ञान से होगा, भारत का नव–निर्माण,
लहलहायेंगे खलिहान उत्पादन्ता से होगा विदेशी मुद्रा का आदान,
मिलेगा पेट भर खादान, ना मरेंगे किसान सडक, पानी, ऊर्जा पर होगा
ध्यान, जिन्दगी ना लगेगी थकान, रहने को होगा खुद का मकान

बदन पहनेगा बसन्ती परिधान, गायेंगे राष्ट्र–भक्ति के गान,
लुटायेंगे देश पे जान गरीबों को निशुल्क शिक्षा का हो प्रावधान,
दुनिया के हर क्षेत्र में दिखेंगे, भारतीय विद्वान रोज नये,
मानवहित के लिये करेंगे अनुसंधान, जग को भारत ने दिया था,
शून्य का ज्ञान

दलितों, अपाहिजों और कमजोरों को मिले अनुदान,
सामाजिक संस्थायें भी करें योगदान भूख–बीमारी से तड़फ के,
ना मरे पशु–पक्षी, इंसान, कर्म, मर्यादा, अहिंसा का हो भान

भ्रष्टाचार, दुराचार से आये काले धन में उछाल,
काले धन से मचे मंहगाई का तूफान पैसो की क्रय शक्ति का हो
नुकसान, चीजों के भाव करे हैरान, काला धन काला नाग समान

विष को घर में ना रखे नादान, दो का चार देके खरीदें सामान,
महँगाई का टूटे आसमान गरीबों के घरों में मचे घमासान,
उजडे सपनों का जहान, भूखी सोये गरीबों की सन्तान

हाकिम, अफसर, साहूकार, हराम का ना खाये पकवान,
सेवा का ना मांगे देशवासियों से दाम जनता जर्नादन को समझे
मेहमान, घूस का ना लगे इल्जाम, देश के प्रति हो निष्ठावान

भ्रष्टाचारियों के खींचो कान, जमाखोरी पे लगे लगाम,
महँगाई और कालेधन का होगा निदान बेईमान ना बनेंगे घनवान,
देश की तिजोरी में आयेगा उफान, करों की कम होगी लगान

बेईमान ना बनेंगे घनवान, देश की तिजोरी में आयेगा उफान,
करों की कम होगी लगान अब ना चलेगा कामुक भेडियो का
फरमान, मर्दान्गी पे ना करें अभिमान, ना बनना हैवान

विरंगनाये, ना रही अबला और दयावान, बिगाड़ देगी हुलिया,
ना था दरिंदो को अनुमान देशद्रोहियों का, सविधान करे काम
तमाम, दहेज–दायजा, बेटियों को ना पहुँचाये श्मसान

देश की गरिमा, ना हो निलाम, नारी की नगन्ता पे हो व्यवधान,
नशामुक्त हो देश का उद्धान आंतकियों की उतारों बनियान,
चढे फाँसी के मचान, नक्सलियों पे देश ना रहे मेहरबान

करचोरों, देश के दलालों का, कानून ले संज्ञान,
भ्रूण हत्यारों का हुक्मरान करे चालान मतपत्रो की होड़ में, गलिया
ना हो लहूलहान, कौमी खूंरवार सान्डो की दर्दिली हो दास्तान

मजहबी सांपो से, जनता रहे सावधान, इन्सानियत और भाईचारे के
पहने पहरान देश की कानूनी प्रक्रिया हो आसान, जधन्य अपराधों
का, न्याय जल्द करे निपटान

देश का विधान तोले बराबर, अपंग हो या पहलवान,
गुनाह की सजा से, ना हो अनजान शर्ण धर्म सद्भाव है मंत्र महान्,
जात–धर्म होगा कर्म और इमान, भाई–भाई की ना लेंगे जान

सिंचेगे चमन को हिन्दू–मुसलमान, अनुठा होगा गुलिस्तान,
रंगिला होगा हमारा बगान ज्ञान पे होगा रुझान, देश की
तरक्की में मदद करेगा विज्ञान, स्वराज से होगा कल्याण

विदेशी माल की, ना खुलेगी बड़ी दुकान, बहुजन हिताय,
बहुजन सुखाय का होगा भान बाल–मजदूरी, गऊहत्या,
भाई भतिजावाद पे लगे पूर्ण विराम, किसानो का हो सम्मान

मजदूरो को मिले मेहनत का इनाम, शिक्षक देश की मुस्कान,
अमीरी गरीबी का हो मिलान अयोध्या में, राम मन्दिर बने आलिशान,
तन मन धन से, सहयोग करे मुसलमान

राम, हिन्दूओं भी आस्था का निशान, भारत की पहचान,
रामायण पे अकबर को था मलान अयोध्या के कण कण में
समाये राम, गर्भ भूमि के गर्भ में मिले, राम मन्दिर के प्रमाण

मर्यादा राम, करोड़ो हिन्दूओं के भगवान, भाईचारे और प्यार का,
संदेश दे कुरान पावन गगां में करे स्नान, ना फेंके गगां में कूड़ा
और कंकाल, मां गंगा का बना रहे वरदान

भारत मां का बने यजमान, गाये युग पुरुषों के गुणगान, पढे गीता रामायण और पुराण जात–पात, पक्ष का ना हो बखान, देश बांटने वालो से रहो सावधान, भारत बने बलवान

राजधर्म, राष्ट्रधर्म निभाये देश के हुक्मरान, ना बने बियावान, भारत बने महान पाक–चीन ना दे गलत बयान, कश्मीर और अरूणाचल पे हक जताके, ना बढाये दबान

करदे जंग का ऐलान, फैसला करेगा जंगे–मैदान, ताबूतों के बोझ से दबेंगे कब्रिस्तान सेना की तरक्स में समाये, अणू के अग्निबाण, पाक–चीन ना समझे, खाली है भारत की म्यान

ना कर जंगी जखीरे पे गुमान, युद्ध–पोत करेंगे जलपान, हिचकोला खायेंगे फौजी विमान प्रजा ना भूले शहीदों का ऐहसान, ना मांगा कोई इनाम, प्राणों को देश पे किया कुरबान

करो इन्हें प्रणाम, सातसो साल भारत रहा गुलाम, इनके त्यागों से, बना देश का विधान जब जब देश पे बढ़ा, विपदा का तापमान, जल–थल–नभ के जाबांजो ने देश पे बिछादी जान

देश के सच्चे सपूत और नायक है, सेना के जवान, फर्ज का अपने लहू से किया भुगतान ना झुकेगा ना बिकेगा देश का स्वाभिमान, भारत को फिर से, जगतगुरू का दिलाना है स्थान

हीरा बा का लाल, बना मंत्री प्रधान, पूरा जीवन कर दिया देश को दान, देश–सेवा का देना है इम्तिहान देशवासी, ना भुले धरती माँ का परोपकार, जन्म से मरन तक है तेरा उधार पे उधार मिले तेरी कोख से, अन्न, पानी और रोजगार, दो गज जमीं मिले, संभाले चिता की राख का भार

''जय भारत माता की''

8

"मोदी भारत का सिरमोर"

प्रधानमन्त्री के पद की, लगी है होड, मोदी जितेगा ये दोड
मोदी का नही है कोई तोड़, मोदी के हाथों में होगी, देश की डोर

मोदी दिखायेगा, उन्नती का भोर, मोदी, देश का सीर मोर
सुनायेगा, देशभक्ती की लोर, जाने, राजनीति का जोड़

मोदी देशवासियों ओर भारत का चकोर, मोदी के, कानून कायदे कठोर
भ्रष्ट व्यवस्था को, देगा झकझोर, मोदी सच्चा सिपाई, नही है चोर

कोई कितना मचाये शोर, मोदी देगा, सबको पीछे छोड़
मोदी का, प्रधानमंत्री बनने का, आगया मोड़, ना होगा झोड़

मोदी के आगे, दिखे सब बोने, मोदी जाने, सपने सजोने
भ्रष्ट अधिकारी, ढुंडेगा कोने, मोदी खूब जाने, सियासत के टोने

मोदी के हाथों में, दिखे चांदी सोने, विरोधियों के भाव, आधे पोने
मोदी के आगे, दिखे खिलौने, मोदी से, दूर रहे घिनोने

ना रोको मोदी को, भरने से उड़ान, मोदी के हाथों होगा, देश का उत्थान
मोदी की, साफ सुथरी छबी प्रमाण, मोदी को संभालने दो, देश की कमान

मोदी, करमढी सच्चा, नेक दिल इन्सान, ना लगा बेईमानी का निसान
भारत का दुनिया में, बढ़ेगा सम्मान, सलामत रहेगी, देश की आन

नरेन्द्र मोदी से बनेगी, भारत की पहचान, देश, तरक्की की भरेगा, उंची उड़ान पाकिस्तान, ना मचायेगा, आतंक का तूफान, मोदी, भारत का अरमान

मोदी लहरायेगा, दुनिया में, भारत का परचम, विकास सम्रधी की, बजेगी छमछम भारत की साख ना होगी कम, भारत बढ़ेगा आगे, अपने बलबूते के दम

ना बिकेगा, भारत का इमान, ना होगा, मजहब लहूलहान
सबको मिलेगी, रोटी, कपडा, मकान, भूख बीमारी से, ना मरेगा, हिन्दूस्तान

राजनीति के आकाश में, चमक रहा मोदी तारा, ज़मीन पे दिखेगा उजियारा
पाकिस्तान, हमले से पहले, सोचेगा दोबारा, ना बचेगा, अमन का हत्यारा

''जय भारत माता की''

9

"देशवासियों ने, मोदी को पहनाया जीत का हार''

जनता नें, मोदी की पहनाया, राजतिलक का हार,
लोगों का, मोदी माने आभार प्रजा कहे, मोदी संभाले,
प्रधानमंत्री का प्रभार, मोदी करेगा, देश का बेड़ा पार

बचपन में था, हाथ में, चाय का जार, बारह साल संभाला,
गुजरात का भार लोगों के दिलों में जगे, आशा के तार,
पूरा भारत हो, गुजरात जैसा, गुले–गुलजार

मोदी की माँ ने, घरों में काम करके, किया गुजार,
चौसट फूट में सिमटी, घर की दीवार वृद्ध मां ने रिक्शे से आके,
पूरा किया, मत का अधिकार, किया, लोकतंत्र का सत्कार

चालीस वर्षो तक भिक्षुक बनके, मोदी ने किया आहार,
ना बसाया, अपना घर संसार देश–सेवा में, बचपन, जवानी,
बुढ़ापा किया नीसार, देश को ना होने दिया, शर्मसार

मोदी, भारत माँ का सच्चा सिपहसलार,
देश को दौड़ायेगा, मोदी जैसा सच्चा घुड़सवार
हर कोने में दिखेगी, मोदी की ललकार,
सूनेगी देश भक्ति की जोशीली हुन्कार

मोदी को ना दबा सकेगी, दुनिया की, कोई सरकार, मोदी,
हर कला और मंच का फनकार मोदी के कामों की सुनेगी,
सुरिली झंनकार, बुराईयों से लडेगा, लेके दोनो हाथो में तलवार

ना होगा देश में, भ्रष्टाचार और बलात्कार, महंगाई पे होगा,
चोतरफा बज्र प्रहार ललना की अस्मत से, ना होगा खिलवाड़ यौण
दरिदों का, फांसी का फंदा करेगा सत्कार

देशवासियों के सपने, जल्द होगे साकार, रोटी कपड़ा मकान के,
सब होंगे हकदार हिन्दू–मुस्लिम मिलके, मनायेंगे त्योंहार,
मजहबी सांड, ना कर सकेंगे अत्याचार देशभक्ति और
मानवसेवा के, पैदा होंगे संस्कार, ना दिखेंगे, देशद्रोही और गददार

अन्न, जल, बिजली, सड़क के भरेंगे भण्डार, देश ना दिखेगा, नबला
और लाचार अमेरिका ने, गुजरात की औद्योगिक गति की, करी
जय जयकार, अग्रेंज आये, मोदी के द्वारा

देश की सम्रधि और तरक्की के, खुलेंगे किंवाड, दिन गुना रात
चौगुना, बढ़ेगा रुजगार देश के रणबांकूरो को देखके, दुश्मन भरेंगे
चित्कार, जल्द दिखेंगे, डालते हथियार

आतंकवादी ना कर सकेंगे, भारत की सीमापार, देश बेचने वाले,
देश से होंगे तड़ी पार गंगा कहे, मोदी सपूत ईमानदार,
मोदी भागिरथ बनके, भारत का करेगा जिर्णोधार

सबको साथ लेके, करेगा देश का उद्धार, ना ले सकेंगी बलिया,
छल–कपट और अंहकार जात, पक्ष, धर्म भूल के, लोकतंत्र पर,
करो ऐतबार, मोदी करे गलती, करो पलटवार देश ना बिकेगा,
ना झुकेगा, ये मोदी के उद्गार मोदी देश पे, अपने प्राण करेगा न्यौछार

''वन्दे मातरम''

10.

"मोदी के हाथ, ना थे, दंगाइयो के साथ"

SIT और न्यायालय से, मोदी हो गया मुफ्त,
मोदी गुजरात दंगो में, बदनाम हो गया मुफ्त

लगा दाग, नरसंहार रोकने में, मोदी दिखा सुस्त,
मोदी को बदनाम करके, खूब उठाया लुफ्त

साबरमती गाड़ी में, जला दिये राम के दूत,
ये थी, निरदयी मुस्लिम, नगरसेवकों की करतूत

सिलग उठा गुजरात, प्रतिशोध का जगा भूत,
बहा खून सड़को पे, मारे गये बेगुनाह, पुत्री और पुत्र

नरसंहार को, मानवता देख रही थी, बनके बूत,
मजहबी कातिलो के आगे, इंसानियत हो गयी लुप्त

न्यायालय के फेसले के विरुद्ध बोले, यह ना है दुरस्त
मोदी को हत्यारा कहके, गलत नमुना, किया प्रस्तुत

इन्साफ के लिये, संविधान ने न्यायालय किये नियुक्त
प्रधानमंत्री, न्यायालय से ऊपर समझे, खुद को युक्त

ना समझो, इंसानियत के मसीहा, मोदी को अछुत

भारत माँ का राष्ट्र–भक्त, मोदी सच्चा सपूत

मोदी को कोमी कहने वालो को, मतदाता करेंगे दूरूस्त
जागरूक अवाम, भाई–भाई को लड़ाने वालो को, मारेगी जूत

लासो पे, राजनीति की खेती करने वाले, दिखेंगे निरुस्त
मोदी की अंतर आत्मा, कत्ल और कफन का, ना बुने सूत

मोदी के हाथ रंगे खून में, न्यायालय को ना मिला सुत्र
सदियों बाद दिखा जमीं पर, मोदी जैसा, देशभक्त पुत्र

मोदी का, भारत की तपोवन पावन मिट्‌टी से, रिश्ता अटूट
कर्णधारो, सत्ता के लिये, हिन्दू मुस्लिम का, ना बनाओ गुट

मुसलमानों ने, मोदी को, गुजरात में बनाया अति मजबूत
मोदी के राज में, सर्व–धर्म सदभाव की, दिखी रिती और रूत

"जय भारत माता की"

11.

"मोदी देश का दास"

बी.जे.पी ने, भिष्मपिता को, दिया बनवास,
मोदी में किया, आडवानी से, ज्याद विश्वास

लालकृष्ण लेले, राजनीति से सन्यास,
मोदी के, प्रधानमंत्री बनने की, जगी है आस

बी.जे.पी ने, देशहित को उपर रखके, खेली तास,
खुद के कदावर नेता, इस फैसले से उदास

मोदी की आंधी के आगे, विराधी उड़ेगें, जैसे घास
गुजरात के शेर से, भिड़ने का, ना करे दुस्साहस

नरेन्द्रभाई ना करेंगे, लोगों को निराश
मिलगया, देश को दास, होगा, भारत का विकास

भारत, छू लेता आकाश, पहले मील गया होता, काश
मोदी में, भारत मां का वास, झोपड़ों में, दिखेगा उजास

देशवासियों को मिलेगी, रोटी, कपडा, निवास
दिखेगी सम्रधी, ओर देशहित का प्रकाश

हिन्दू–मुस्लिम के रिस्तों में, ना दिखेगी खटास
मजहब के झगड़ो में, ना बिछेगी, सड़को पे लाश

मोदी को ना डसी, कपट की फान्स, चढ़ा, नेकी का बान्स
रचा, तरक्की का इतिहास, युवा खून, देश की सांस

मोदी लड़ेगा, जबतक है, जान में सांस
गुजरात जैसी तरक्की का, होगा आभास

पाकिस्तान, ना करेगा बकवास
मोदी का, राष्ट्रप्रेम आयेगा, सबको रास

राजधर्म में, ना होगी खरांस
देश–हित के जज्बों का, होगा एहसास

भारत मां, ना बिकेगी, यह है शारांश
मीला मोदीसा लाल, थी जिसकी तलाश

''जय भारत माता की''

12

"मोदी गुजरात का राजा"

जर जर गुजरात, मोदी के हाथों, हुआ गुले गुलजार
पसीने से सींच के, उगाये फूल, बापू को पहनाया हार

बाल अवस्था में था, चाय का जार, आज है प्रदेश का भार
गुजरात में, चमत्कारी करमठी हाथों ने, किया चमत्कार

देश ओर दुनिया, गुजरात की तरकी को, करें नमस्कार
लोग करे विश्वास, अगले प्रधान मंत्री का, मोदी संभालेगें प्रभार

मरते गुजरात में फूंक दिये प्राण, गुजरात से है भारत की पहचान
धर–ग्रहस्ती की ना संभाली कमान, पूरा जीवन कर दिया देश को दान

तेरे बलवती हाथों में है हीरे पन्नों की खदान, गुजरात ओर देश का किया कल्याण नरेन्द्र मोदी गुजरात का अरमान, गुजरात की प्रगति है, इसका साक्षात प्रमाण

तरक्की की भरी ऊँची उड़ान, विरोधी भी करे मोदी के गुनगान
मोदी को खरी खोटी की पहचान, मोदी है तिरगें की, आन और बान

गुजरात मे नही, मजहब की कोई जात पात
मोदी ने निकाली, प्रेम ओर भाई चारे की बारात

नरेन्द्र ने गुजरात को, ज़मी से आसमान पे बेढाया
देश दुनिया ने देखा, मोदी गागर से तारे तोड़ के लाया

मोदी पे लगे जातिवाद के झगड़ों मे, हत्या के आरोप
राज्य ओर देश सेवा करके, आरोपों का किया पश्च्याताप

गुजरात की पांच करोड़ जनता करे, मोदी के मुख से करे आलाप
पालिका के चुनावों में, नबे टक्का मतो में दिखा, मोदी का प्रताप

गुजरात की कंकरिली जमीन, मोदी की मेहनत से बना बगीचा
नरेन्द्र ने तन–मन ओर वफा से, इस चमन को सींचा

आहुती देदी योवन की, सांसारिक सुखों का ना लुफ्त उठाया
माँ डिक्ती रह गयी, घर में ना दिखी बहु पोतो की छाया

नरेन्द्र मोदी पर्यायवाची शब्द बना प्रगति का,
गुजरात बना मिशाल मिला फल, निस्वार्थ करनी का

बचपन में, मगर मछ को पकड़ के ले गये स्कूल
लड़े बबर शेर से, गिदड़ों से लड़ना, इन्हें नहीं कबूल

स्कूली दिनों मे, मैदान पर लगाये चोके छक्के
ढलती उमर में छुड़ाये बड़ों बड़ों के छक्के

कवि ह्रदय ने लिखी, देश प्रेम की पचासों रचनायें,
सोहरत के लिए पत्रकारों को ना सुनाई कवितायें

कविता के आंगन पर लिखा, खिले देश प्रेम की कलियाँ
राष्ट्र–प्रेम का दिपक जलता रहे, अंधयारी ना हो गलियाँ

देश दुनिया के उद्यमियों ने, भरी एक स्वर में हुकांर
देश को दोडाना हो तो, मोदी जैसे हो दबंग घुड़सवार

मोदी देश साल से रहा, फिरंगियो की सीमा के पार
देख के गुजरात की तरक्की, गोरे आये मोदी के दवार

भुजाओं मे हो, कुछ करने के जजबे, दिल में हो, देश प्रेम के नगमे
गुजरात बसे, मोदी के मनमे, तरक्की का भगवान बसा लोगों के दिल में

मोदी के नाम के, बने तजिब ओर तगमे, मोदी ने पढ़ी गीता ओर कलमें
अमावशिया के दिन भी चाँद दिखे नभ में, लोग खाने लगे मोदी की कसमें

बड़ी मुदत–मिनतो से मिला, गुजरात को मोदी जैसा करनधार
लोग करते है चरचा गलियों में, यह है दूसरा लोह पुरुष सरदार

मन्दिर, मस्ज़िद, गिरजाघर से निकले एक ही उदगार
गुजरात की दिन गुना, रात चोगनी प्रगति की, ना रुके रफ़्तार

मोदी के करमों से, गुजरात का हुआ चौतरफा विकास
मोदी की मेहनत से गुजरात की तरक्की ने छुआ आकाश

गुजरात की औद्योगिक उन्नती को दुनिया करे सलाम
अमेरिका के दोनों सदनों ने, मोदी को किया बार–बार प्रणाम

जलता रहे आपकी राजनीति का दीपक जग में, ना भुजे कितने भी
आये आंधी–तूफान आपका नाम अमर रहे सदिया तक,
जब तक धरती करे जल का जलपान

13

"मोदी माथा टेकने, पहुँचा काशी नगरी"

मोदी माथा टेकने पहुँचा, शिव की, काशी नगरी
छलकायेगा गंगा जल से, देश प्रेम की गगरी

भोलेनाथ, पहनायेगा मोदी को, प्रधानमंत्री की पगड़ी
विरोधियों की राजनीति की बजेगी, बनारस में छगड़ी

देश की गली मोहल्लों में, सुनेगी भाईचारे की बंसरी
मोदी बनेगा सिपलसार, होगा आन बान का प्रहरी

गरीबों के सिरों पे होगी, प्यार की मजबूत छपरी
देशद्रोहियों, आंतकियों की, कानून उधेड़ेगा चमड़ी

बुनकरो की होगी नफरी, हस्तकला की बढ़ेगी बिक्री
शास्त्रीय संगीत में, देश दुनिया की, रूची दिखेगी गहरी

नमो नमो के मंत्र से, भारत देश की, रूप रेखा निखरी
मोदी, त्याग का पाठ पढ़ायेगा, होगी सिर पे बुद्ध की छत्री

भ्रष्टाचारियों, कालाबाजारियों को, हथकड़िया जकड़ी
फाँसी के फंदे की सैर करेंगे, देश बेचने वाले खबरी

कामुक दरिंदो को, बलात्कार की डगर, लगेगी शंकडी
यौण शोषक भंवरो को, नोच के रख देगी, देश की पखुँड़ी

कमरतोड़ महँगाई पर, रोक लगेगी तगड़ी
काले धन और पाप की कमाई की, ना भरेगी गठरी

हाकिम, अफसर, जनता के पैसों पे, ना लुटेंगे तफरी
देश का विधान, तोलेगा बराबर, शेर हो या बकरी

मोदी के हाथों, देश का विकास और समृद्धी संवरी
पाकिस्तान और चीन, सीमा पे, ना दिखेंगे जबरी

भारत में मंडरायेगी, राष्ट्र–भक्ति की बदरी
चूक गये मौका, दिल्ली में, सरकार दिखेगी लंगडी

जनता के संताप पीके, खिलायेगा, देश के गौरव की रबड़ी
करो विश्वास, भारत माँ के संग, मोदी ना करेगा गड़बडी

"वंदे मातरमं"

14

"मोदी का, चुनावों में बजा डंका"

चारो राज्यों में, मोदी के नाम का बजा डंका,
चुनावी नतीजो से, कांग्रेस की ढह गयी लंका

मोदी के आगे, विरोधी अपना वजूद ना बचा सका,
धरासाई हो गये, बड़े सूरमां, लगा गहरा धक्का

राजनीति पंडितों को ना रहे, अब कोई शंका
मोदी, अगला प्रधानमंत्री, बनना है पक्का

महारथियों को, मोदी ने दिया है तगड़ा झटका
प्रधानमंत्री बनेगा, एक चाय बेचने वाला लड़का

परिणामों से, समाचार जगत, दिखा भोचक्का
हर मैदान पर, मोदी ने लगाया, चौका छक्का

देश की तिजोरी को, अब ना लगेगा फटका
उजड़ी गलियों में दिखेगा, देश सेवा का भभका

कमल की खुशबू से, बीजेपी का, महकमा महका
मोदी के, व्यंग वाक्य के बाणों से, मचा तहलका

मोदी पिलायेगा देश प्रेम, देके ईमानदारी का तड़का

लोग कहेंगे, मोदी के हाथो, भारत का भाग्य चमका

मोदी रचा इतिहास, हो गया जन जन का
देश सेवा के नाम पे, कपड़े देदे तन का

मोदी के चरित्र और देश भक्ति पे, ना लगा ठबका
गीत गुनगनायें, राज धर्म और जन–गण–मन का

भारत ना होगा नीलाम, प्रहरी है आन बान और शान का
जीवन किया न्योछार, दुनिया गीत गाये, मोदी महान् का

मोदी के कर्मठी हाथो ने लिखा इतिहास, भारत के उत्थान का
समृद्धि की लो जला के, रुतबा बढाया, देश के स्वाभिमान का

"जय भारत माता की"

15

"देश–भक्तो की सजी बारात"

जागो भारतवासियों, देश–भक्तो की सजी बारात
मोदी बना है दुल्हा, देश की सेवा करेगा दिन रात

भारत रह जायेगा पीछे, ना दिया मोदी का साथ
निकल गया मौका, मलते रह जाओगे हाथ

उन्नति और तरक्की का, दिखेगा प्रभात
भूख बीमारी से ना मरेगा, ना होगा कोई अनाथ

मोदी का डर दिखाया मुसलमानों को, दिन रात
लोगों की ना चली चाल, गुजरात में, ना बनी बात

गरीबों के सर पर होगी छात, खायेगें दाल भात
सम्रद्धी का होगा विकास, दुनिया को देगा मात

भारत में ना होगी, जजिया कर जैसी जकात
देशवासी, हराम की कमाई को, मारेगें लात

गली, मोहल्लों, कस्बों में, दिखेगा मोदी का प्रताप
कानून, राजधर्म, छल–कपटियों को दिखायेगा ओकात

बलात्कारी ना बचेगा, ना कर सकेगा पश्चाताप

देश बेचने वालो का, स्वागत करेगी हवालात

महँगाई पे होगी लगाम, सुधरेगें आर्थिक हालात
सत्ता के गलियारों में, ना बिछेगी कपट की बिसात

देश में दिखेगा स्वराज, ना होगी जात–पात
पाकिस्तान, ना काट सकेगा सर, लगा के घात

हर महकमे में दिखेगा, राष्ट्रसेवा के जजबात
देशहित मानवसेवा होगें, लोगों के ख्यालात

पाकिस्तान और चीन ना मचायेगा, सीमा पे उत्पात
मोदी के संग होगी, देश पे जान लुटाने वालों की जमात

मोदी में दिखे, सरदार वल्लभ भाई पटेल साक्षात
हरेगा देश के संताप, करो मोदी पर, मतो की बरसात

''ऊँचा करो भारत मां का ललाट''

16

हिन्द का धाकड शेर ना रहा

बाल घाट में, जन्मा बाल, किसन सिताराम ठाकरे का था, ये लाल
अपने बल बुते पर, रची मिसाल, पाके बाल को देश हो गया निहाल

कलम की नोक ने किया कमाल, भाषणों में था, गजब का उछाल
कारटूनो से, फिरंगियों को किया हलाल, बाल ने ऊँचा किया, देश का भाल

बाल ठाकरे था, महाराष्ट्र की शान, दिलेर शेर था भारत की आन
ठाकरे था हिन्दू धरम का अरमान, बाल था मराठी माणूसों का भगवान

नम आँखो से लाखों लोगों ने दी, तुम्हे अन्तिम विदाई
खलेगी तेरी कमी, ना सहन होगी, लोगो को तेरी जुदाई

सामना, मातोश्री, सेना भवन, शिवाजी उद्यान में दिखी विरानी
रो, रो के सुनाये, तेरी दहाड और, प्यार की कहानी

ना बांधा कभी सरकारी साफा, तिरंगा उढाके किया,
इनकी देश भक्ति मे इज़ाफ़ा बन्दूकों की सलामी से, देश प्रेम में,
हुआ मुनाफा करोड़ों लोगों ने बांधा, तुझ को नमन का साफा

पार्थिव शरीर को समाने में, शिवाजी उद्यान पड गया छोटा
बुजर्ग सैनानी को, सलाम करें, ये माणुश नही था, छोटा मोटा

चला गया छोड़ के निकला हरजाई, श्रद्धाजंलीयों की, जैसे आन्धी आई

विरोधियों ने तुम्हे सम्मान की साल उढाई, यह थी तेरी पून्यो की कमाई,

हिन्दू सम्राट हों गया, पंच तत्वों में लीन, उपर वाले ने, लिया हमसे छीन
अब ना सुनेगी, जोशीली तेरी बीन, तेरे देह त्याग पर, लोग ना करे, यकीन

कठोर दिल वालों की भी, आँखे भर आई, स्वर्ग लोक से,
तुझ को लेने पालकी आई मिल के तुझसे जगत जननी हरसाई,
लोगों ने महापुरषों के संग तेरी तस्वीर लगाई

जलता रहे आपके विचारों का दीपक जग में, ना बुझे,
कितने भी आये आँधी, तूफान आपका नाम अमर रहे सदियों तक,
जब तक धरती करे जल का जलपान

17

हिन्द का हिन्दू शेर

बाल ठाकरे, महाराष्ट्र का था, निडर शेर
मराठी माणुष् के आगे, करदी जिन्दगी ढेर

हिन्दू धर्म का था, सच्चा चाकर
अहो भाग्य, मिला ठाकरे जैसा ठाकर

हिन्दूत्व की लो जलती रहे, कर दिया जीवन निसार
महाराष्ट्र के लिये लडे, मराठी मनुषों से था, बड़ा प्यार

कारटुनिष्ट से बने, शिव–सेना पक्ष के, सेनापति
वीर योद्धा ने लड़ी लड़ाई, शिव सैनिको से, मिली गति

बाल ठाकरे ने जो बोल दिया, बनी, लौह की लकीर
निकला तीर ना वापिस आवे, ना बदला, अपना जमीर

शिवसेवा को खड़ा करके, विरोधियों से किये, दो–दो हाथ
लड़े शिवाजी जैसे, मैदान जंग में, दिखाये अपने हाथ

राजनीति मे रह के भी, ना बांधा, कोई सरकारी ओधा
फते किये दुरगम किले, ऐसा था बिना ताज का योधा

देश के संग करे गदारी, ना था इन्हें मन्जूर

देश भक्त मुसलमानों पे था, इन्हें बड़ा गरूर

मियाँदाद की, करी होसला अफजाई
सारजाह मे, छक्का लगाके मैच जिताई

अब्दुल हमीद को, सलाम लगाई
अमेरिकी, टेन्को की धजिया उड़ाई

हिन्द के शेर ने दहाड लगाई, हो गये बडे–बडे धरासाई
दिलदारो की करे अगुबाई, ठाकरे की दिलेरी की देवे दुहाई

बगावत की, जिसने आग लगाई, ना मिली, खाने की मलाई,
ना मिली कुआी, ना मिली खाई, खामो खां, हो गयी जग हँसाई

राम मन्दिर की लड़ी लड़ाई, शिव सैनिकों ने, मस्जिद गिराई,
डंके की चोट पे, गाथा सुनाई, राम भक्तो ने, मस्जिद ढहाई

इस्लाम धरम से, ना थी कोई लड़ाई
लड़े, जिसने की, सनातन धरम पर चढ़ाई

मुस्लिम पोत्र वधु को अपनाई,
धरम निरपेक्षता की, दिखी पर छांई

दिल से था तू बड़ा दानी, घर के चाकर की सेवा को पहचानी
बेटों जैसा था, सेवक सम्मानी, चिता को, सेवक ने भी दी मुखाग्नी

हिन्दू सम्राट की, लोगों ने माला पहनाई
हिन्दूत्व पर, कभी आंच न आई
देश, मराठी माणुस, ओर सनातम से करी सगाई
तीनो के संग दोस्ती निभाई

राजनीति का, चाणक्य शेर, माँद से, ना निकला बाहर
दागे कलम से तीर, सामना के लेखों में, आग उगलकर

तेरी कहानी ओर करनी मे, ना दिखी बेइमानी
जिन्दगी भर मराठी माणुसो की करी मेहमानी

देशभक्ति के नाम की, पहनी केशरिया शेरवानी,
वतन के नाम कर दी, बचपन, बुढ़ापा और जवानी

बाला साहेब ठाकरे शिवसेना पक्ष के थे राजा
लोगों ने दिलेर शेर को, हिन्दू सम्राट से नवाजा

दोस्तों के संग दिलेरी दिखाई, अपनो की बला, अपने सर मुन्डवाई
प्रेमियों की हिम्मत बंधवाई, वीरों के प्राण जाई, पर वचन न जाई

शिवसेना का शेर है, वीरों की पहचान
धनुष बाण का तीर ना चूके निशान

भगुवा रंग का, हिन्दू धरम से मिलान
मराठी मनुषो का था तू भगवान

तेरी आवाज ओर भाषण मे था जादू और शब्दों का जोश
सुन के शेर की दहाड़, सोये हुए मुरदो को आ जावे होश

18

"पैसे पेड़ो पर नही लगते"

पैसे पेड़ो पर नही लगते की आड़ मे, गरीबों का उड़ाया है उपहास
शासक खाये माल मलिदा चोरी करके, ना हो पैसा, जनता करे उपवास

प्रजा ने भरोसा करके, थमाई थी, देश की बागडोर की कमान
चान्दी की जुती के आगे, छूट गयी लगाम, सारथियो के बिक गये ईमान

धरती माँ की कोख से, उपजे रुपीया पैसा, इन्सान करे खून का पानी
धोखा धड़ी से बढी महंगाई, दो वक्त की रोटी, करे आना कानी

जनता, भूख निकालने की बनाले आदत, आटे, दाल की बढ गयी लागत
पापी पेट रोज की आफत, रोटी छिनने वालो को है लानत, रोटी बनी सामत

अब घरों में, नही जलेंगे चूल्हा चुल्ही, इन्धन और रासन का नही जोगार
रियायतों की कटोती से, राजकोश मे होगा इजाफा,
मुनाफे में होगी, आह ओर चिकार

इन्धन की मँहगाई से कम हो गयी चुल्हो की ज्योत
कमर तोड़ महँगाई से, प्रजा मर रही बेमोत

कफन भी है इतका महंगा, हो जैसे कश्मीरी पोत
निरधनता है बड़ा अभिशाप, अमीर खागये गरीबों के श्रोत

जन्म से मरन तक, गरीबों को करनी है, गधा मजुरी
जिन्दगी की साम हो जाये, ना खत्म हो इनकी मजबूरी

गरीब की बेटी कहे माँ से, भूख लगी है, दे दो रोटी
कहाँ से दे दूँ रोटी, तेरे बाप की कमाई है, रोटी से घोटी

तुम्हें भी मिलती रोटी, ना होती, छल कपट की गोटी
गरीबों के गरीब खानो मे, कयामत बन गयी है रोटी

गरीबों का गूजारा अब राम भरोसे
बच्चे भुखे है घर में, रोज रोज किसको कोसे

वस्त्रों के भावों मे है भारी उछाल
बिना कपड़ो के दिखे, बदन की खाल

इन भावों मे मिलती थी, कश्मीरी साल
जाल बुनने मे लग गये धागे, नही है इन्हे मलाल

घर खरीदना, महज रह गया, एक मिध्या सपना
दस गुना भाव बढ़े चन्द दिनों में, कैसे खरीदें घर अपना

महँगाई के अनूपात में, बढ़ता नहीं मेहनताना
वेदखल हुऐ जिन्दगी से, गरीबों का कहाँ ठिकाना

पाठशालाओं में बच्चे जाये कैसे, बस्ते और किताबों के मूंह ताज
पाठशाला शुल्क ना चुका सके, महंगाई बनी मौत का साज

शासक, जब ना सुने प्रजा के दुखड़े और भूख की चितकार
भारत बन्द, धरनो पर न है इनको ऐतबार, यह है विपक्ष का प्रचार

प्रजा के मुलाजिम ना भूले, चुनावों के जरिये, बनती है सरकार
जब देश सेवकों ने डाका डाला, प्रजा ने, ना दिखाया लोकसभा का द्वार

जनता की भावनाओं से किया खिलवाड, हो गये राजनीति से बाहर
गांधी बापू को, दुश्मनो ने भी झन्डे झूका के, किया नमस्कार

शहीदों की समाधियों पर, ना पोन्छो पाप की कालीस
माँ का दूध लजाने वालो को, ना मिले प्रजा का आसीस

किस लंका में आग लगाऊ, किस रावण को मार गिराऊ
घर घर लंका, घर घर रावण, इतने राम कहाँ से लाऊ

राष्ट्रध्वज फहराने वालो ने, तिरंगे के काट दिये है पर
निरलज हो के कैसे लहराऊ, बेच के मुझको, चुका दिया है मेरा कर

दुनिया में, पावन भूमि भारत देश का, हुआ है घोर अपमान
मूँह काला करके इन्हें घूमाओं, मृत्यु दण्ड से हो इनका सम्मान

देश से बेवफाई, और देशद्रोहिता है, सबसे बडा जघन्य अपराध
फर्ज की खातिर, स्वान दे देता है जान, जिस घर की खाता है खाद

'' जय भारत माता की''

19

"घोटालों की कालिख"

कोयला घोटाले की कालिख से, भारत माँ का, काला हुआ ललाट
देश के रहवरो ने, राष्ट्रपिता बापू के, मुँह पर मारा है चपाट

2G, खेल और कोयला घोटाले से, मुल्क का जमीर हुआ शर्मशार
कोडियों के भाव बिके, देश की आन–बान और मान के पहरेदार

अरबो खरबो की जुती ने, देश के कर्णधारों का, खरीद लिया ईमान
ये राम की सीता नही है, जिसने अग्नी को गले लगा के, दिया था प्रमाण

सारथियो के मुँह पर मुखौटे, हाथों में दस्ताने, कोई नही है कसूरवार
मिल बान्ट का है ये कारोबार, चोर काहे डर, जब खुद डकैत है थानेदार

हरिशचन्द्र, जब बने डूम, ईमानदारी की दिखाई थी औकात
तारामती ने, पल्लू फाड़के पुत्र को जलाने के लिये, चुकाई थी जकात

तिरंगे में लिपटे, शव को, प्रजा करे नमन और नमस्कार
दुराचारी की लाश को, मुश्किल से मिले, भाड़े के चार कहार

कदावर नेता और धन्ना शेठो ने काटी नही है, सजायें उम्र केद
कानून की है दो धारा, कमजोरो को सजा, बलवान करे कानून पर छेद

कस्ती में बैठे लोगों को, अपनी जान देके, बचाता है मल्हार

जान पे खेलके, कहार दुल्हन की डोली पहुँचाये, पिया के द्ववार

बलसाली राजा रावण ने, सीता को चुराई, छल कपट करके,
सत्य के शीश को ना जीत सका कपट के दस शीश, धारण करके

विधीवत नियुक्त CAG की रपट को, कहे निराधार
कानून के रखवाले, CAG के निचौड़ पर, ना करे ऐतवार

यह अपमान है देश का, जब रक्षक ही भक्षक बन जाय
विधिवेता, जनता, न्यायालय प्रकट करे, इसपे अपनी राय

''जय भारत माता की''

20

"कांग्रेस तेरे राज में"

केन्द्र ओर कांग्रेस शासित राज्यों में, घोटाले घपलों का, लगा है मेला
भारत–रत्न से नवाजो इनको, राज–कोश में, ना छोडा एक भी घेला

कांग्रेस ने जमीर और खुदारी बेंच के, हाथ कर लिये मैला
बासी बचे ना कुत्ता खाये, इनके राज्यो में दिखे ये खेला

प्रजा तड़प रही भूख से, रोटी और पेट का है झमेला
तामिल की उलन्घन करने वालो ने, CBI का दुख झेला

कांग्रेस तेरे राज में, भूख से मर रहे इन्सान
दाल, आटे, ईधन के दामो ने छिनली लोगों की मुस्कान

सरकारी अनुदानो में कटोती करके, खुद खाये पकवान
मंहगाई, भूखमरी और गरीबी ने, लाखों लोगों की लेली जान

जन्म से मरन तक, गरीबों के आगे खड़ी लाचारी की दीवार
रोटी, कपड़ा, मकान, पढ़ाई विवाह के खरचो को, कैसे पाड़े पार

कांग्रेस तेरे शासन में, गरीबों का जीना हो गया दुसवार
हर चीज में पड़ा अकाल, गरीबों का, उजड़ गया घर संसार

मंहगाई ने, लोगों को, कर दिया घायल, घरों में ना सुने,

खुशियों की पायल भूख निकालने के हो गये कायल,
गरीबों के घरों में नहीं है, एक दाना चावल

दो जून की रोटी का है लाला, दिखे दाल में कुछ काला,
गरीबों की जपे माला शासक, मुलाजिम खाये गाला,
देश की तिजोरी का, टूट गया ताला

रहवरो का, ना होता हलाले ईमान, ना होता भष्टाचार
ना पड़ती नये करो की दरकार, ना मारती, महंगाई की मार

आटा इंधन हो गये, दुरगम पहाड, पित्र–पक्ष में,
ना निकाले पूर्वजों के श्राध कमर तोड़ महंगाई ने किया लाचार,
लोग खाने लगे, दूसरो के घरों के श्राध

मन–मोहन है सोनिया का गुड्डा, ऐसा लिखे अग्रेंजी अखबार
प्रधान मंत्री है, सोनिया की कढ पुतली, सोनिया है भारत सरकार

वस्त्र हो गये अनमोल, ना ढक सके, नंगे बदल की खाल
दो गज कपड़ा रखा संभाल के, कफन के टुकड़ो का पड़ा अकाल

कांग्रेस के हाथों, भारत देश का हुआ, घोर विनाश
मोदी के कर्मो से, गुजरात का हुआ, चोतरफा विकास

सोनिया की अगवाई में, हुआ देश का भयंकर सत्यानाश
मोदी की मेहनत से, गुजरात की तरक्की ने, छुआ आकाश

गुजरात की औद्योगिक उन्नत्ति को, दुनिया करे बार–बार सलाम
अमेरिका के दोनों सदनो ने मोदी को, बार–बार किया प्रणाम

राजीव फाऊन्डेशन से मिला मोदी को, उत्पादनता का पहला इनाम
विरोधी भी करे, मोदी क गुनगान, गुजरात का दुनिया में हुआ नाम

देश के शासकों का, दिन दहाडे बिक गयी आत्मा और इमान
इनके दुष्कर्मो से, भारत के तिरंगे का हुआ घोर अपमान

दिखते थे ऊजले भगवान, निकले बड़े सातीर बेईमान
भारत की आबरु बिकी बेभाव, लुटगया देश का, मान सम्मान

सोनिया तेरे राज में, गरीबों और मजदूरों का है बुरा हाल
माँ के आँचल के तले, बिना दूध के, जुदा हो गये बाल गोपाल

''जय भारत माता की''

21.

"गऊ हिन्दुओं का इमान"

गो माता, भारत की तकदीर, गो में दिखे हिन्दू धरम की तस्वीर
गऊ मानवता, और प्रेम की लकीर, गऊ माता, हिन्दूओं का जमीर

गाय, हिन्दूओं की माता, गाय से, हिन्दूओं का, पावन नाता
गो भारत की, भाग्य विधाता, गऊ को पूजे, बहन और भ्राता

गाय, सनातन धर्म की धरोहर, युग पुरूष, कृष्ण की मनोहर
गऊ की आस्था पे, लगे मोहर, गो में दिखे, हिन्दू धर्म का जोहर

मां के चरणों में बैठ के, गीता लिखपाया कृष्ण, धर्म पुरुष कहलाया
कन्हैया को, गो का संग भाया, गो के संग, कान्हा ने, जीवन बिताया

नन्द का लाल, गऊओ का आभारी, जब जब, मोहन को पुकारी
दोड के करी, खिदमतदारी, पीके गऊ का दूध, बने बलहारी

गऊ के थनो में, बहे दूध की नदिया, गोबर से खिले, कैसर की कलिया
मक्खन भोगी, ना पकड़े खटिया, गोमूत्र, कर्करोग को, ना लेने दे बलिया

गऊ, पवित्रता की निशानी, गोबर करे, पावनता की मेहमानी
सुभ प्रसंगो की, लिखे कहानी, गोबर रंगे पाटे पे, बेठे लक्ष्मीरानी

सदियो से, हिन्दू है, गऊ का दास, गो में दिखे, पित्रों का वास

गऊ को, श्राद्य खिलाके, हो आभास, पुरखो ने, लेलिया, मूंह में ग्रास

चोराहे पे, कराह रही गऊ माता, कसाइयो के कहर की, सुनाये गाथा
ना बचाने आये, मैरे हिन्दू भ्राता, गो पे, प्राण लुटाने वाले, ना बचे दाता

सुनो, देशवासियों की हून्कारों को, ना दफन होने दो,
संस्कारो को ना बूझने दो, हिन्दू धर्म के, अन्गारो को,
ना ढहने दो, संस्कृति की, दीवारों को

ना भूलो गऊ मां के, परोपकारो को, याद करो,
युग पुरूषों के उदगारो को ना दो, तिलांजली,
देवी–देवताओ के, विचारो को, ना बिंधो, धर्म की पतवारो को

गऊ की जान पे, बलिदान करो, प्राणों को, सरेआम फांसी लगे,
गोहत्यारों को तोड के रखदो, गोहत्यारों की कटारो को,
हो गोबध, बदल दो, सरकारे को

गोहत्या, बने निरमम, घोर अपराध, ना टूटे, हिन्दुओं के,
सब का बांध मानवता की, लक्ष्मण रेखा ना लांध,
कान्हा की आस्था का, ना निकालो श्राद्य

''जय भारत माता की''

22

"होली, भक्त प्रल्हाद के नाम"

होली का, पावन पर्व मनाये दिल से, सारे हिन्दुस्तानी
भक्त प्रल्हाद की, ईश्वर में, आस्था की, सुनाये कहानी

जब जब धर्म पर जुल्मे ढहे, तेरे चाहने वाले ने, क्या–क्या ना
सितम सहे तेरी आस्था पे, भक्तों का खून बहे, ताकि ज़माने में
तेरा नाम अमर रहे

पापी हिरण्याकश्यप की, प्रहलाद पे, ना चली मनमानी
प्रहलाद को मारते मारते, भुआ होलिका, हो गयी राख की ढानी

ईश्वर की सता के आगे, हिरण्याकश्यप, हार गया अंहकार की लडाई,
भगवान मे निष्ठा विश्वास, प्रेम, ओर सत्यता की दिखे, होली में परछाई

भक्त, ना आग में जले, प्रभु ने, प्रहलाद को लगाया गले
अन्धा, बिना पांव के चले, भक्त ना मरे, हाथी के पांव तले

होली सुनाये भक्तों की गाथा, भक्तों को ना, बनने दे अनाथा
ईश्वर रखे, सबके बही खाता, अधरमी खाये, कुदरत की लाता

होली, प्रभु की आस्था का त्यौहार, नास्तिक दिखा, धर्म के आगे लाचार
होली करे, सत्य की जयजयकार, अभीर गुलाल लगा के, करे इजहार

नन्द का लाल, राधा के संग, खेली होली, ब्रजवासी बोले मिठी बोली
गोपिया खेले, लठमार होली, चंग पे रशिये नाचे, बना के टोली

फाल्गुन में दिखे, रंगो की रंगोली, बसन्त बहार का, नाम है होली
ढपो पे नाचे, बांध के हाथों पे मोली, माथे पे, शगुन की लागके रोली

होली में बरसे, खुशिया ओर प्यार दुलार, है ये, अनुठा रंगिला त्यौहार
होली में दिखे, रंगो की बहार, करे एक दूजे पे, प्रेम रश की बोछार

होली में, मस्करी, छेडकानी की रहे बहार, हुडदंग मचाये हजार
काले, गोरे, चमकीले रंगो से, रंगे ललाट, प्यार के रस की मारे पिचकार

देवर भाभी करे हंसी ठिठोरा, होली की मस्ती का, लेवे हिलोरा
उतरो नीचे, खेलो होली, पीटे ढिन्डोरा, होली मे चले, जोरी जोरा

होली नचाये सबको, बडा हो या छोरा, होली में दिखे मस्ती का दोरा
होली में, मुखडो को करदे काला गोरा, कुंवारे डाले, कुंवारियो पे डोरा

होली भरे दिलो में, हर्ष उल्हास, ना रहे मनो में, रंज ओर खरांस
मचाओ होली का हुडदंग, हो के बिनदास, दिलो में हो, प्यार का ऐहसास

घुले, होली के रंग मे रशिया, रंग डाल के बदले हुलिया,
होली की तान पे, नाचे दुनिया, प्रेम रंग से भिगे गलिया

बच्चो का होली, नटखटी त्यौहार, सिर पे फुगा फोडके, करे सत्कार
मारे जोर से, भरके मुंह पे पिचकार, होली की रंगरलियो की, चढे बुखार

चोरी छिपे, करे पानी की बरसात, लगा के घात, ना देखे,
जात पात और तात होली है, रंगो की रंगीली सोगात,
होली के दीवानों की, दिखे सड़को पे बारात

बसंत ऋतु, करे होली का सिन्गार, वसन्त पंचमी करे, होली का सत्कार
फाल्गुन का, बसन्ती मौसम सदाबहार,
दिखे, पेड़ो पे, सतरंगी फुलों की बहार

होली खेलने का, सबपे चढ़े खुमार, खेले होली,
होके मस्ती के घोड़ो पे सवार रंगों का लगाके करे प्रेम का इजहार,
होली खेले राजा, रंक और गंवार

होली में, गुस्ताखी के, मीले मोके, उतारो नकल लोगों की, ना कोई टोके
उपहार में भेजे कोयला, भर के खोके, होली में दिखे, उदन्डता के झोंके

होली लोगों को, प्रेम रस से नहलाये, खुशियों और भाइचारे का,
पाठ पढाये होली खेलने वाले रशिये कहलाये,
गानों की धूनों पे नाच के, खूब इतराये

फूलों की खुशबू, फिजा को मदहोस बनाये, जूही के फूल,
टहनियों पे मुस्कराये बसंत ऋतु, बहार बनके आये, कोयल,
प्रेम मिलन के, गीत गुनगुनाये

होली के हुडदंग को, ना करो बदनाम, होली से जूडा,
भक्त प्रहलाद का नाम होली, सनातम धर्म का पावन धाम,
होली में शालिनता का, ना करो कत्लेआम

होली में ना करो, भदी और अश्लील मजाक, सीमा और रिश्तों को,
ना दो तलाक आंखों मे दिखे, रिश्ते इरादे पाक, होली में ना काटो,
शिष्टाचार की नाक

23

"श्री गणेश, देवों का देव"

करु गणपति को, झूक के दडंवत प्रणाम, दो लाइना लिखूं, तेरे नाम
तेरे चरणों में, सब देवताओ का धाम, तुमको सुमरे बिना, ना हो कोई काम

तूं है, सृष्टि का, सबसे बडा पावन दुर्लभ ईनाम, मां पार्वती,
कर रही थी स्नान नन्दी को खडा किया, रखे ध्यान, शिव को आने,
दिया, नन्दी ने, ना रखी जबान

मां पार्वती को आया, क्रोध का उफान, ऊबटन से किया,
गणेश का निरमाण गणेशा को खडा किया, बनाके दरबान,
शिव को ना घुसने दिया, माना मां का फरमान

आग बबुला हो गये, शंकर भगवान, सैना को हुकम दिया,
लेलो, गणेश की जान शिव की फौज, हो गयी लहू लहान,
महादेव ने बेटे गणेशा के, ले लिये प्राण

शिव ने चलादी, गणेशा के गले पे खड़ग, पल में, धड़ से,
शीश हो गया अलग खत्म हो गयी, माँ पार्वती की, जीने की उमंग,
ना बचा लाडला, गणेशा दबंग

गौरी देख के ये हाल, हो गयी विकराल, सृष्टि को,
बना दूंगी कंकाल, पडेगा अकाल ब्रम्हा डर के, जताया मलाल,
तुम हो, ब्रमान्ड की ढाल, ना बनो मानव का काल

ब्रम्हा को दी दकाल, करो जिन्दा मेरा लाल, पहले पूजा जाय,
गणेश का थाल शिव का, ढंडा हुआ कपाल, ब्रम्हा को,
बुलाया तत्काल, शीष लाओ, आ जायेगा भूचाल

ब्रम्हा, हाथी का बच्चा उढा लाया, हाथी का शीश काटके,
गणेश का लगाया भोलेनाथ ने, लाडला जिगर को गले लगाया,
श्री गणेश देवो का देव कहलाया

शंकर ने जिन्दा किया, गणेश भगवान, देवी–देवताओं ने किया,
गणेश का सम्मान नमन होक, विनायक को पूजे, सारा हिन्दुस्तान
मुसा बना, गणेश जी का वाहन

नभ धल में हुई, श्री गणेश की जय–जयकार, मोरिया सुने,
भक्तों की पुकार सेवको को, दिखाये चमत्कार, दूर करे,
मनो का अन्धकार और दुराचार

गणेश ने, मां के हुकम पे, किया जीवन नौछार, पिता शिव से लडा,
लेके तलवार ऐसा मां भक्त था, श्री गणेश अवतार,
श्री गणेश के नाम से, डुबती नैया, लगे पार

श्री गणेश को, घरों में बेढा के, करो सत्कार, पूजा अरचना से,
हो मान मनुहार विनायक की सेवा हरे, तन के विकार,
गणेश है, हिन्दुओं की आस्था का आधार

श्री गणेश की छांया में गून्जे, खुशियों की किलकारा,
बांझ को मिले, पुत्रो का सहारा अन्धा गिन सके,
आकाश के चान्द सितारा, भरे निरधन का, धन से चौबारा

''गणपति बापा मौरिया''

24

"समृद्धि के जन्मदाता, महाराजा अग्रसेन"

द्वापर में हुऐ, महाराजा अग्रसेन, वेश्य अग्रवाल समाज,
राजा अग्रसेन की देन अग्रसेन के वंशज, ना करे, देश से केन,
युग पवर्तक के चरणों में बसा, सुख और चैन

पिता, राजा वल्लभजी थे, सूरमा और बलवान, अग्रसेनजी थे,
वल्लभजी की सन्तान बाप–बेटे बरसे कोरवो पे, बनके तूफान,
झुकाया पाण्डवो का पलड़ा, होके लहूलहान

अग्र की पत्नी ने ना माना, इंद्र की, रानी बनने का फरमान, इंद्र ने,
हमला किया धमासान इंद्र फते ना कर सका, जंगे मैदान,
बिना बरसात के, अग्रोहा राज्य को, बनादिया श्मसान

महाराजा अग्रसेन थे, बहादुर योद्धा महान्, जीते दुर्गंम किले,
करके जंग का ऐलान दिल पसीज गया, देखके प्रजा की जाति जान,
जानवरों को, बलि के नाम पे, देना पड़े बलिदान

अग्र गये काशी, किया मां लक्ष्मी का ध्यान, अराधना से खुश होके,
मां ने दिया वरदान छोड़ दे तलवार, लेले तराजू, होगा मानव
कल्याण, खेती, पशु पालन पे, लगाया ध्यान

एक ईट, एक रुपया, हर घर से मिले अनुदान, पैसों से हो व्यापार,
ईंटो से बने मकान सहायता सहयोग का, अनुढा था, ये अनुसंधान,

लाखों नव–आगन्तुक घरों के खिल उठे उद्धान

व्यवसाय से, अग्रोहा राज्य का हुआ उत्थान, गणो को संभालाये गोत्रों को, कराके मतदान समान गोत्र में, विवाह ना करने का था विधान, रक्त की पवित्रता, रिश्तों का, ना हो नुकसान

जात–पात, ऊँच–नीच का, ना था राज्य में स्थान, निढलो को ना था, अनुदान का कोई प्रावधान कर्म, ईमानदारी, अंहिसा था, अग्रोहा का ईमान, बेटियो का हिस्सा चुकाते, देके दहेज का दान

अग्रोहा में, लोकतंत्र, समाजवाद की सुनती थी तान, देश–प्रेम था, अग्र की आन, बान और शान पशुप्रेम, दया, मानवसेवा, ये थे अग्र के अरमान, अग्र ने, अग्रोहा पे, जीवन किया कुर्बान

अग्रवाल वेश्य समाज, मन से धनवान, अग्र के वंसजों ने किया, भारत का नव–निर्माण सामाजिक संस्थाओं को दिया, दिल से दान, आधे से ज्यादा व्यापार पर, अग्रवालो की कमान

अग्र की सन्तानों ने, भरी ऊँची उड़ान, सात्विक विचार, सदाचार, अग्र के पुत्रों का गुमान हर क्षेत्र में मिले, अग्रवान विद्वान, वादा पूरा करे, खाली ना जाये, अग्रवालो की जुबान

अग्र के वारिस बने, दीन–हीन की मुस्कान, अग्रवालों को मिला, देश विदेशी मान–सम्मान वेश्य समाज, हिन्दू संस्कृति का गुलिस्तान, अग्रवाल निभाये, पितृ अग्रसेन के विधान

सूर्य–चक्र वंश, शूरवीर योद्धाओं की पहचान, केशरिया रंग का, सनातन धर्म से मिलान अग्रसेन की तलवार, ना चुके निशान, अग्रोहा में विराजे, करुणा और ममता का भगवान

''अग्र के चरणो में, कोटि कोटि प्रणाम''

25

"जलाओ सत्य और प्रेम के दीये"

राम पधारे अयोध्या, काट के बनवास, चौदह साल बाद पूरी हुई,
लोगों की आस राम सीता के वियोग में, प्रजा थी उदास,
अयोध्या में बरसा, खुशियों का उजास

छतों पे लालटेन लटकाके, किया प्रकाश, काली रात में,
ना भटके, अयोध्या का दास मनो में घुला, राम मिलन का मिठास,
दिलों में उमड़ा, हर्ष, आनन्द, उल्लाहस

राम के बिना, सुन्ने थे, अयोध्या के वास, आज सजी, अयोध्या और
राज महल निवास प्रजा ने नमस्तक हो के, किया राम में विश्वास,
लोगों के दिलो में बसा, राम का वास

राम को देखने, प्रजा चढ़ी ऊँचे बासं, झूम उठी खुशियों से,
धरती और आकाश रास्तों पे फूल बिछाये, ना चुभे, राम को फांस,
राम का दर्शन करके, आयी सांस में सांस

ढोल नगाड़ो से, करी जय–जयकार, मिलन के छलके आँसू,
बाहर आये उद्‌गार प्रजा ने नमन होके, किया सत्कार,
करी राम से पुकार, तुम बिन, झुटा है संसार

राम का दर्शन करने, उमड़ा जन सैलाब, आज पूरे हुये,
लोगों के ख्वाब धरती पे हुआ, देवताओं का दर्शाव,

प्रजा ने नम आँखों से, छुये राम के पांव

भरत ने, राजकाज से लिया सन्यास, भरत राजा बनने का,
ना किया प्रयास राम की खड़ाऊ को विराजी,
राज सिंहासन के पास, भ्रात प्रेम का, रचा इतिहास

अयोध्या में जन्मा बाल, राम था, राजा दशरथ का लाल,
ना चली कपट की चाल राम ने, देश को किया निहाल, भारत का,
ऊँचा किया भाल, मर्यादा को, ना होने दिया हलाल

हिन्दुओं को, है गहरा मलाल, राम की गर्भ भूमि पर, ना बना
मन्दिर विशाल राम का, ना पूछे कोई हाल, करो सियापती
का ख्याल, उठाओ आस्था की दुसाल

मर्यादा का धर्म, राम ने पाला, पिओ राम नाम की हाला,
दिन ना देखने पड़े काला राग–द्वेश, मद–लोभ से, बांधो पाला,
छल–कपट, योण–शोषण की, ना चलो चाला

दीवाली में झलके, मातृ प्रेम की ज्वाला, पिता, दशरथ के हुक्म को,
राम ने पाला राम–राज्य था, उत्तम और निराला, मां लक्ष्मी,
सुख–शान्ति, सम्रधि का, भरे प्याला

दिलो में, प्रेम भाव के दीये जलाओ, आंगन में, भाई चारे के बीज
उगाओ मनो से, गिला शिकवो को, दूर भगाओ, अधीन और
कमजोरों को, गले लगाओ

दीवाली, झूठ पे, सत्य की जीत का प्रतीक, ना मारो थोथी ढींक,
ना खीचों, कपट की लीक करो बुराईयों को ठीक, थुको हेकड़ी का
पीक, लो, युग पुरूषों से सीख

''जलाओ खुशियो के दीप''

26

"पूर्वजों को प्रणाम"

पित्रपक्ष, हिन्दुओं की आस्था का त्यौहार, पितरो का करे, आदर सत्कार स्वर्गवाशी पूर्वजो की, करे मनुहार, पधारो घर में, लेने परिजनो का आहार

कुनबा, पित्रों को हाथ जोड़ के, करे गुहार, सर पे हाथ रख के, करो लाड दुलार पित्र, धन, दौलत से, भरे भन्डार, पित्रों के आशीर्वाद से, फले–फूले परिवार

पित्रों की छत्र–छांया में, बढे वंश का आकार, दुख तकलीफ में, होता पित्रो का दिदार संकट का निवारण करके, हो जाते किनार, पित्रों को पुजना, हिन्दूओ के संस्कार

ब्राम्हणों को पित्र मानके, कराते अल्पहार, गाय, कौवा, कुत्तो को, खिलाते सागार श्राद्यो में, मालपुडा खीर की दिखे बहार, पुरोहितो को, दान–दक्षिणा देक, माने आभार

पित्र पक्ष में, यमलोक का खुले किवाड़, पित्रों को मिले, भुलोक भ्रमण का अधिकार बहन–बेटियों में दिखे, पित्रों का प्यार, दुईता–दुईतियों को खिलाके माने उपकार

गलतियों पे, पित्र दिखाये चमत्कार, गयाजी में, पिन्ड दान की रहे भरमार पिन्ड दान पहुंचाये, मोक्ष के द्‌वार, श्राद्य करना, हिन्दुओं की आस्था का आधार

श्राद्य पक्ष में, श्रधा के गुन्जे उद्‌गार, श्राद्य में ना करे,

टिप्पणी और तकरार घरवालों को सुने, पित्रों की हुन्कार,
पित्रो के नाम पे, दान की खड़ी करो मिनार

पित्र पक्ष में, पालो शुद्ध विचार, पूर्वजों के नाम की, करो जय–जयकार
पित्रों के कारणा, घरों में दिखे उजियार,गुन्जे पोते पोतियों की किलकार

पित्रों के चरणों में, खुशियों की बखार, सुख–शांति सम्रधी का चढ़ो गिरनार
पित्र खोले धन लक्ष्मी के द्वार, पित्रों को पूजने वाला ना दिखे लाचार

श्राद्य, हिन्दू संस्कृति के, पावन सिंगार, पुर्वजों को सुबह शाम करो नमस्कार
पित्र–पक्ष, धार्मिक श्रद्धा के त्यौहार, पित्रों का बरसे अपनों पे प्यार दुलार

पूर्वजो की कृपा से, सजे परिवार, खड़ी हो, संस्कारों की उंची दीवार
पित्रो का आशीर्वाद, बने पतवार, जिन्दगी का, बेड़ा लगे पार

पित्रो की सेवा से, सपने हो साकार, पित्रो की सुनो,
दिल की हुन्कार ना पैदा होंगे, मनो में दुराचार,
पितरो के बिना, सूना है घर संसार

पित्रो की सेवा से, कटे दुख पीड़ा, ना खड़ा हो, कोई बखेड़ा
पितरो की भक्ति से, बसे डेरा, पार लगे, कुटम्ब का बेड़ा

''पित्रों का करो सम्मान''

27

"सत्य के, एक शीश ने, शीश, दशहरा"

दशहरे की कथा जुड़ी, भगवान राम से, आज के दिन, दुष्ट रावण, विदा हुआ संसार से हर साल, विजयादशमी मनाये, शान से, कपटी रावण का, पुतला जलायें, धूम धाम से

सीता को हर के ले गया लंका, विमान से, कहा सीता को, रहो लंका में, ढाट बाट से राज करो, राम को निकाल दो, दिमाग से, गरजी सिया, बदला चुकाना पडेगा, जान से

राम लक्ष्मण, भटके दर दर, रहे उदास से, जटायू ने, सीता को ले जाते देखा, आँख से राम ने जटायू से कथा सुनी, ध्यान से, हनुमान ने, सुग्रीव को मिलाया, भगवान राम से

हनुमान, निकालेगा खोज, आकाश–पाताल से, पवन पुत्र उड़के गया लंका, मिला मां सिया से लंका को जलाके आया, मिला, मर्यादा राम से, सुनाई मां की व्यथा, निकालो राक्षस के जाल सें

सेतू पूल बनाया, नल नील के, प्रयास से, करी लंका पे चढाई, नींद उड़ गयी आँख से जम कर हुआ युद्ध, निकले तीर, कमान से, लक्ष्मण हो गये मुर्छित, मेघनाथ के बाण से

हनुमान लाये संजीवनी बूंटी, हिमालिया पहाड़ से, लक्ष्मण हो गये

खड़े, फिर लड़े, जी जान से लंका हो गयी लाल, खून बहा,
बाणों के घाव से, रावण भयभीत हो के भागा, रण के मैदान से

राम ने, नौ दिन, माँ दुर्गा की करी अर्चना, चाव से,
माँ ने दिया आशीष, होगा विजयी, शान से लंकेश, युद्ध लड़ा,
छल कपट की चाल से, पेंतरे बदल के बचता रहा, मौत के, मुकाम से

बच निकले, राम के, अचूक प्रहार से, विभीषण ने, किया इशारा,
मरेगा नाभी की मार से राम ने मारा बाण, लंकेश के निकल गये
प्राण, जान से, मां सीता, मुक्त हुई, कारागार से

दशवीं को, मारा गया महिशासुर, मां दुर्गे की तलवार से, लंकेश,
ना लड़ सका, अहंकार से कपट के, दस शीश कट गये, सत्य के,
एक शीश के वार से, रावण ना बच सका, हार से

भ्रात प्रेम का मान बढा, भरत के भाव से, वचनों का पालन जुड़ा,
दशरथ के संस्कार से मातृप्रेम की महिमा झलके, राम के विचार से,
दूर रहो, काम, क्रोध, मद, लोभ की अंगार से

अहंकारी, दूराचारी, ना बचे, कुदरत के थपेड़ो से, दूर रहो,
दुष्कर्मो के बखेड़ो से छल कपट का, सत्कार हो कोड़ो से,
योण शोषकों की, तुलना की जाय, नाली के कीड़ो से

पापियों पे, सतपुरुष, अंगारे बनके बरसे, कोरवो को, कान्हा ने
दिखाये, धर्म के जलसे राम ने, अहम को नाश किया, रावण वध से,
माँ दुर्गा ने, राक्षसो को ना बढने दिया, हद से

पापों का घड़ा टूट जाये, सत्य के प्रहार से, छल ना टकरा सके,
सांच की दीवार से पर पत्नी की कामना, मिलाये विनाश से,
पराये धन, पराई सम्पति पे, ना रखे लालसे

''सत्यमेव विजयते''

28

"गऊ हिन्दुओं का इमान"

गो माता, भारत की तकदीर, गो में दिखे, हिन्दू धर्म की तस्वीर
गऊ, मानवता और प्रेम की लकीर, गऊ माता, हिन्दुओ का जमीर

गाय, हिन्दुओं की माता, गाय से, हिन्दुओं का, पावन नाता
गो भारत की, भाग्य विधाता, गऊ को पूजे, बहन और भ्राता

गाय, सनातन धर्म की धरोहर, युग पुरूष, कृण की मनोहर
गऊ की आस्था पे, लगे मोहर, गो में दिखे, हिन्दू धर्म का जोहर

गो में, देवी देवताओं का वास, आपदा विपदा का, करे विनाश
गऊ, हिन्दुओं की आस्था और विस्वाश, पिलाये दूध दही,
खाके सुकी घास

मानवजात, गोमाता का आभारी, गो मूत्र से, ढीक हो,
बड़ी–बडी बीमारी, बच्चे थनो से भरे, मुंह में, दूध की पिचकारी,
गऊ, हिन्दूओं की दुलारी

गऊ माता, देश की जान, गो करे, मानवता का कल्याण
गो है, सबसे महान, गऊ से हो, संस्कारों का निर्माण

गऊ में दिखे, कन्हेया के प्राण, गऊ, सनातन धर्म का अरमान
गो से बनी, हिन्दुस्तान की पहचान, समाये, हिन्दू संस्कृति का प्रमाण

गऊ को किया, देवताओं ने सम्मान, गो को पूजे, हिन्दूस्तान
गऊओ पे था, नटवर को मलान, गऊ की अरचना से, बने भगवान

देवता करे, गो को नमन, नटवर ने, गो के संग, किया भ्रमण
गऊ से, सुख सम्रधी का, मिले निमंत्रण, गो माता,
प्रेम दुलार का उपवन

गऊ से, सुधरे रोगी काया, कपट, लोभ, पाप दिखे पराया
संस्कारो को निखारे, गो की छाया, गऊमाता हरे, पीर पराया

गो सेवक से, दूर रहे माया, गऊ को ना लगे, लोग पराया
हो घर में, गो की काया, खुद रोये, दुनियो को हंसाया

मां के चरणों में बैठ के, गीता लिखपाया, कृष्ण, धर्म पुरूष कहलाया
कन्हैया को, गो का संग भाया, गो के संग, कान्हा ने, जीवन बिताया

इन्द्र ने, कामधेनू को, आंखो पे बेढाया, युग पुरूषों ने,
गऊ के गुण गाया मां की सेवा, ना जाये जाया,
गऊ मां को, यातना दुख देके, कोई सुख नही पाया

गो पे, मरने वालो ने, जीवन व्यर्थ, ना गंवाया,
गो रक्षक मुरलीधर कहलाया गो भक्तो ने, मां का दूध,
नहीं लजाया, कृष्ण ने, महाभारत जग, धर्म युद्ध जिताया

गो की, सेवा करी, कृष्ण मुरारी, थी कान्हे की, प्रेम दुलारी
गऊओ के संग, जिन्दगी गुजारी, जान से ज्यादा, थी प्यारी

नन्द का लाल, गऊओ का आभारी, जब जब, मोहन को पुकारी
दोड के करी, खिदमतदारी, पीके गऊ का दूध, बने बलहारी

तन मन भावों से, भरी हुन्कारी, युग पुरूष की, मिली हकदारी
गऊओ के संग, खिली फूलवाडी, गऊओं के संग, जिन्दगी गुजारी

गो पे, गऊ भक्त, हो गये बलिदान, रणबांकुरे, गो पे हो गये कुरबान
गऊ के भावों का, हिन्दू पहने परिधान, गऊ माता, हिन्दूओं का इमान

गोकुल अष्टमी करे, गो मां का सत्कार, भक्त सुनाये मां को,
दिल के उद्‌गार राजा–रकं प्रकट करे, मां का आभार,
गऊ करे, श्रष्टी का उधार

गऊ का दान, सबसे महान् भिक्षुक का करे, सदियों तक कल्याण
दूध मक्खन से, बने बलवान, मां के चरणो में, खुशियो की खदान

गायो को पालके, देखो उजास, बरसेगा, सतकर्मो का,
हर्ष उल्लास दूध, दही से होगा, मनो का विकास,
सुख शान्ति, संस्कारो का, होगा आभास

कामधेनु गऊ थी, इन्द्र की गरिमा, रिशी–मुनियों ने लिखी,
गाय की महिमा गऊ मूत्र का सेवन करे, हकिमा,
गऊ पशु नहीं, चोपाया नहीं, है करिस्मा

गऊ के थनो में, बहे दूध की नदिया, गोबर से खिले,
कैसर की कलिया मक्खन भोगी, ना पकड़े खटिया,
गोमूत्र, कर्करोग को, ना लेने दे बलिया

गो से जुडा, सनातन धर्म का नाम, गऊ का आंगन हिन्दू धर्म का धाम
गऊ माता को, करो नमन और प्रणाम, गऊ दे, दानसीलता का पैगाम

गऊ की परहीतता को, करो सलाम, जिन्दगी कर दो,
गोमाता के नाम जिन्दगी जियो गायो जैसी, सबके आओ काम,
ना लगे, गऊ सेवा का दाम

गऊ, पवित्रता की निशानी, गोबर करे, पावनता की महेमानी
सुभ प्रसंगो की, लिखे कहानी, गोबर रंगे पाटे पे, बैठे लक्ष्मीरानी

गो मूत्र, औषधियों की महारानी, गो का दूध, ना लजाये जवानी
गऊ के घ्रत से, पगली बने स्यानी, गो सेवा से, मुनाफा ही मुनाफा,
ना हो हानि

सदियों से, हिन्दू है, गऊ का दास, गो में दिखे, पित्रो का वास
गऊ को, श्राद्य खिलाफे, हो आभास, पुरखो ने, लेलिया, मुंह में ग्रास

हर घर में हो, गऊ का वास, ना हो, संस्कारो का विनास
ना हो निर्धनता, और दुखो का एहसास, ना बने दुराचारी का दास

बुराईयां ना बने, गले की फान्स, चढो तरक्की का, ऊँचा बांस
सुख सम्पदा, ना हो खलास, प्रेम का दीपक, करे उजास

गऊ की, छत्रछाया में दिखे विकास, ना रहे कोई,
सूस्त और उदास करो गऊओं की सेवा, खिलाओ घास,
गाय माता का, ना हो उपहास

गऊ माता, हिन्दूधर्म की सांस, गऊओ का, वद्य रोकने का,
करो प्रयास होगा रामराज्य का निवास, दूध दही की
नदियो का, होगा आभास

ना होने दो, गोमाता का वद्य, ना लांद्यो, मानवता की हद
गो गाता का, छोटा हो गया कद, गऊ को, ना समझो बद

गऊयें है, सेवाभाव का, प्यारा छन्द, गऊओं पे, जान छिडकता था
नन्द रसखाना ने पढ़े, गो की, महिमा के पद, गऊओ के,
परोपकार को, ना भूलोजल्द

गऊ की छत्रक्षाया में, पला कृष्ण अवतार, गो माता लगने लगी,
गऊओ का, ना मिले, पेट भर आहार, बछडे को भूखा रखके,
लोगों का, करे उपकार

चौराहे पे, कराह रही गऊ माता, कसाईयों के कहर की,
सुनाये गाथा ना बचाने आये, मैंरे हिन्दू भ्राता, गो पे,
प्राण लुटाने वाले, ना बचे दाता

गऊ माता, भक्तों से करे पुकार, न फेंको, बांझ गऊ को बाहर सुनो,
आत्मा की आहचितकार, नष्ट ना होने दो, संस्कार

गोमाता सुनाये, दिल के उदगार, मिला राधा–कृष्णा का प्यार
यसोदा–नन्द ने, किया सत्कार, चुकाया मेरे दूध का, अभार

कलयुग में, गऊ दिखे लाचार, सुखी घास से, करे पेट का उपचार
दूध दिखे थनो में, जब तक हे गुजार, बांझ होते ही, लटके गले पे तलवार

कान्हा की बांसुरी का, सुना प्रेम गुंजन, आज, बुचडखाने में,
गुंजे, मौत का रूदन गऊमां को लगा ग्रहण, छिन गया शरण,
बुढापे में चुभी, कटार की चूभन

गोविंद की लाडली, धवली, कुनकमा, श्यामला, हरी टकी,
खडी मौत के कगार लोप हो गया, हिन्दुओं का दुलार, बेबस,
गऊ लगा रही, जिन्दगी की गुहार

हिन्दुओं ने, छोड दिया साथ, बुढापे में, हो गयी अनाथ
प्राणों से, चुकानी पडे जकात, देदी मुझे, कसाईयो के हाथ

कन्हेया की चहेती, खडी बिकने को तैयार, बोली लगे हजार
भूल गये लाड दुलार, कान्हा की मैया खडी बुचडखाने के द्वार

हिन्दुओं के, बिक गये संस्कार, गोके मांस और चमड़े का,
करे व्यापार देख रहे, गऊ पे प्रहार, कान्हा की गरिमा,
गो बध के संग, हो गई न्यौछवर

बरसो चलाई, गाय बछड़े ने सरकार, ना हुआ, गऊओ का उद्धार
गायों को, ना मिला सत्कार, ना बन्द हुआ, गो का संहार

बूढ़ी गऊ को, देदे मौत के हाथा, होती दया तो, कटार ना चुभाता
ब्रध अवस्था बनी, मौत की राता, हिन्दुओं ने, तोड लिया रिस्ता नाता

गिरधर के संग, गऊअे नाची, युग पुरूषों ने, गऊ की, दान शीलता
बांची गऊ की महानता, है सांची, गऊओ का ह्रास, ना होने दो, कदाची

सुनो, देशवासियों की हुन्कारों को, ना दफ्फन होने दो,
संस्कारो को ना बुझने दो, हिन्दू धर्म के, अंगारो को,
ना ढहने दो, संस्कृति की दीवारो को

ना भूलो गऊमां के, परोपकारो को, याद करो, युग पुरूषों के
उदगारों को ना दो, तिलाजली, देवी–देवताओ के, विचारो को, ना
बिधो, धर्म की पतवारों को

गऊ की जान पे, बलिदान करो, प्राणों को, सरेआम फांसी लगे,
गोहत्यारो को तोड के रखदो, गोहत्यारो की कटारो को,
हो गोबध, बदल दो, सरकारो को

गोहत्या, बने निरमम, घोर अपराध, ना टूटे, हिन्दूओं के,
सब्र का बांध मानवता की, लक्ष्मणरेखा ना लांध, कान्हा की आस्था का,
ना निकालो श्राद्य

''जय भारत माता की''

29

"मोहरम, कुरबानी और मातम का दिन"

जब–जब मजहब पर जुल्म ठहे, तेरे चाहने वाले ने क्या–क्या न सितम सहे सींचा है तुझे, अपने खुने जिगर से, ताकि जमाने में, तेरा मजहबी रंग पाक रहे

मोहरम, ना तो मातम और गम का पैगाम, नाही यह,
जश्न और उल्लास का ऐलान यादगार है फरिस्ते की,
कटाया सिर बेत की खातिर, नाम है इमामे हसन–हुसेन

मजहब के महकमे में, यजीद की, ना फरमानिया और बदगुमानिया
बढने लगी हूसेन ने, काफिर यजीद को समझाया बार–बार,
तूं छोड़ दे, ये खुदा से दिल–लगी

नास्तिक यजीद, समझता था खुदा खुद को, हसन की यह नसीयत, अच्छी ना लगी मजहब का मसीहा, कुदा जंगे मैदान में, दोनो खेमो में, युद्ध की धुंआधार आग लगी

एक था शहंशा, और कुबेर, एक था फकीर, एक था बाबा,
एक था बजीर हूसेन था, नंगे पांव खाली हाथ, यजीद के पास थे,
हाथी घोड़े तोप तलवार

हसन था नमाजी, यजीद था दृष्ट और पाजी, शहंशा था पापी,
एक था दानी बादसाह को गुमा था, लस्करी पे, हसन को,

भरोसा था खुदा पे, ना थी बदगुमानी

खुदा की हस्ती को समझने वाले, कूद पडे कफन बांध के, करबला के जंगे मैदान में यजीद के, भाड़े के सिपाही भी तैयार थे, शुरु हुआ जंग, तलवारे टकराने लगी मैदान में

घोड़ो की टाप से, तलवारो की टकराव से, इंसानो के खून से, धरती हो गयी लहुलहान हुआ जमकर घमासान जंग, दस दिन तक, इमामे हूसेन ने, न छोड़ी जंग की लगाम

दम आखरी तक लड़े, तरुण हूसेन, किया खुदा की खिदमत में, अपना सिर कुरबान बुझ गया दीपक, अपने ही हाथो, मातम मनाता है जमाना, कैसे चुकाये तेरा ऐहसान

बिलबिलाते हैं, तेरे दुश्मन मोहरम में, काला कपड़ा पहन के, खंजर चलाते हैं जिगर पे मार मार के, करते हैं हाल बुरा तन का, मांगते है माफी, रोते हैं अपने कर्म पे

मगरीब की नमाज़ के वक्त की, तेरी सहादत से है, सलामत, मजहबे–आबरु इस्लाम मानते हैं तुम्हे, आज खुदा का पैगम्बर, जिन्होंने किया था, धोके से तेरा सर कलाम

दुनिया के मुसलमान, जो मानते हैं, मजहब इस्लाम, कबुल करो, इनका सलाम बहाते हैं आंसू, तेरी याद में, चढ़ाते हैं फूल तेरी मजार पे, तुम से हैं, तस्वीरे इस्लाम

तेरे लहु के कतरे, जो गिरे थे, मजहब की आंच पे, काफीर यजीद पे, बिजली बनके खुने शहीदों से लिपटी मिट्टी बनी, शहादते निशान, उड़ती है जहां में, कुरबानी के, फूल बनके

''याद करो, हसन–हूसेन की कुबार्नी को''

30

"पैगामें ईदूल फितर"

ईद–उल–फितर की, मुबारक बाद कबूल करो, ओ अल्लाह के प्यारे
करो गुजारिस जहांने खुदा से, रोजेदारो की, इबादत स्वीकारे

ईद का अभिनन्दन स्वीकार करो, दिल से सबसे हाथ मिलालो
भूल जाओ पुरानी राग–रागनी, सब मिल–जुल के,
एक दुजे को गले लगालो

बरसाती मौसम में, दिखा ईद का चान्द गगन में,
खुदा ने दिदारे जमी किया कोटी कोटी इस्लामों ने,
दोनों घुटने टिका के, सिर जमी पे झुका के, तुझे आदाब किया

सबसे पहले, शुक्र गुजार हूं रोजेदारो का, जिसने कि इबादत,
खुदा की महीने भर भूख प्यास भुलाके दिन भर, ना खलल होने दी,
परवरदिगार के रोजे उपर

हर महीना बने रमजानी महीना, ऐसी फरियाद करो अल्लाह ताला
से आजानो से गूंजे मस्जिद–मौहल्ले, मिटादो, जुल्मो–सितम,
सारे ज़माने से

ऐ परवरदिगार, अर्ज है तुझ से, कर हिम्मते–बुलन्द,
रोजेदारों की, ना टुटे, इनके रोजे और दीन–धर्म,
भले बारिस हो इनपे, कहर के ओलो की

दीदारे ईदे–चान्द की खातिर, हो जाते कुरबान, ये मुगलो की संतान दीन–धर्म की खिदमत करना, नमाज पढना, रोजे रखना, यही है, ईदे पैगाम

यह मजहबी पाक इस्लामी महीना, देता है मौका, रवैराते दीन–दुखी उतार के दे दो, तन के कपड़े, बांट के खाओ, जो भी मिले रुखी–सुकी

तोड़ डालो, दीवारें अमीरी–गरीबाी की, भुलादो सब बन्धन, जात–पात के रहो केवल नेक इंसान बनके, चैन की सांस लो, जमी को जन्नत बनाके

खुदा की रहे, आपके उपर नज़रे–करम, अल्लाह का हो, रहमो–करम लो इस्लाम मजहब की कसम, ना उठे, गफलत में कोई गलत कदम

दुनिया के, लाखो इंसान करते है दूआ ऐवम, मांगते है, मिन्नत तुझ से ऐ रब, दिखाना अपना मुखडा, ईद का चान्द बनके, भले आंधी तूफान बरसे

31

"बकरा ईद, कुरबानी का दिन"

पढ़ता हूँ मुबारक नामा, बकरीद के दिन, सहंसाऐ–हजरत इब्राहिम
के नाम पे इलाही की आवाज़ पे, कलम किया था जिसने,
इस्माइल का सर, कुरबानी के नाम पे

अवाम, सांस रोके खड़ी थी, जमाने की आँखे लगी थी,
हजरत इब्राहिम के खंजर उपर आँखो पे पटी बांध के,
हजरत ने चलादी छूरी, अपने अजीज, सहजादे के सर उपर

हो गयी धरती लहू–लहान, कुरबानी के रंग से, फूलो की वर्षा,
होने लगी गगन से खुदा ने, बक्स के जान, प्यारे इस्माइल की,
लेली कुरबानी, एक मेंढे के सर से

खुद नसीब है बकरे, इंसानो से ज्यादा, जो होते है, कुरबान,
खुदा की खिदमत में ले लेते हैं, सारी बला, अपने सर उपर,
कुरबानी का रुतबा, बढाते ज़माने में

हज़ारों साल गुजर गये, फिर भी, हर साल तेरी कुरबानी,
बकरीद को याद दिलाये कुरबानी की आँच पे,
जिगर के टुकडे लुटाने वाले, तेरी याद में जश्न के दीये जलाये

बकरीद कुरबानी के रंग को, सुर्ख बनाये, यह दिन,

खुदा की नसियत का, सबक सिखाये है वही खुदा का सच्चा बन्दा,
खुदा की राह में, अपना खून बहाये, उसे खुदा गले लगाये

खुदा नही मांगता, कुरबानी अपने लिये, लेता है, इतिहान,
खून से कभी कभी इन शहीदों की, कुरबानियों का रंग,
फिका ना पडे, तभी तो मेहन्दी रचाते है सभी

रहो जमी के बन्दो, सजधज के तैयार, ना जाने कब मांगले कुदरत,
तुमसे बलिदान है जीने का हक, उसी बन्धे को, जो तन मन धन
से, मजहब के नाम पे, हो कुरबान

हर साल, मनाये जोश से बकरा ईद, हजरत इब्राहिम और इस्माइल
की याद में चढ़ाये, मन मन्दिर के फूल, खुदा के चरणो में,
मिला करे शबाब, कुरबानी के गोस में

32

"मां दुर्गे भवानी, शक्ति की निशानी"

नवरात्रि सुनाये, मां पार्वती की कहानी, शैलपुत्री, महागौरी,
शिव की बनी दीवानी रजा दक्ष को, ना भाई, चन्द्रघटा की मनमानी,
स्कंदमाता, लगने लगी बेगानी

राज दक्ष ने, महायड़ा करने की ढानी, योगी शिव महागौरी को,
ना भेजी मिजमानी बिना बुलावे, जा पहुँची महारानी, भोले की बुराई
सुनके, यज्ञ में, कूद गयी भवानी

गौरी हो गयी सती, महादेव को हुई हैरानी, दक्ष को,
जान से, किस्मत पड़ी चुकानी आग बबुला हो गये, भीष्म बफार्नी,
दर दर भटके, लेके कंधे पे, दक्षयानि

रास्ते में जहां भी गिरी, सती की निसानी, प्रकट हुई उसी जगह से,
माँ भवानी सतीयों के पराक्रम से, असुरो की हुई जान की हानि,
राक्षसो की खत्म करी बदगुमानी

नाम है कई तेरे, माँ दुर्गे, शेरोवाली, ब्रम्हचारणी, लड़ी तलवार लेके,
हो जैसे क्षत्राणी दुष्टो का संहार करके, बनी मां दुर्गा भवानी,
सतियों की शक्ति को, देवों ने पहचानी

महिसासुर के पापों से, देवों को हुई परेशानी, शिव ने व्यथा सुनी,

देवों की जुबानी ब्रम्हा, विष्णु, महेश ने, प्रकट करी रूप की रानी,
महिसासुर को, गौरी लगी सुहानी

देत्य हो गया मुर्छित, सुध–बुध खोके, बना अज्ञानि, राक्षस ने भेजा
सन्देसा, बनो जीवन संगनी जीतलो मुझे युद्ध में, फिर बनुंगी,
तेरी अर्धान्गनि, दैत्य हो गया राजी, आ गयी मुस्कानि

बजे युद्ध के नगारे, तलवारे लगी टकरानी, मां दुर्गे पडी भारी,
युद्ध हुआ घमासानी दोनो हाथों में तलवार लेके, भरी गर्जानी,
देखके, मां को विकराल, भूलगया मरदानी

नो रात्रि में मरे, असुरों के, लाखों शैनानि, दसवे दिन,
महिसासुर की, खतम हुई कहानी जय अम्बे ने,
राक्षसो की नष्ट करी, मनमानी, सतीयो ने दी, प्राणो की बलिदानी

हाथ में तलवार, कमल का फूल विराजे, पिताम्बर वस्त्र,
सिर पर मुकुट साजे ललाट पे स्वेत, अर्थचन्द्र, तिलक नवाजे,
गले में, मणियो–मोतियो का, हार बाजे

सती, शक्ति से करे, प्रकृति का सृजन, शक्ति से हो भंजन,
सुने सृष्टि की गरजन सती को दिखे, ब्रम्हांड की तड़फन,
बिना शक्ति के, त्रिलोक की, ना धड़के धड़कन

शक्ति बिना, संसार है निर्धन, शक्ति से पैदा हुए,
चन्द्र सुरज धरती गगन सती में बसे जन, मन,
शक्ति जिताये रण, शक्ति को करो, दंडवत नमन

मां दुर्गा शक्ति को, अर्पित करो, तन, मन, धन, जिन्दगी में,
ना होगी, कोई उलझन मां के चरणों में, खुशियों का उपवन,
मां की अर्चना से, दुर्जन, बने भगवान

33

"राखी बहनों का ब्रज हथियार"

राखी, हिन्दूओं का पावन त्यौंहार, बहन तिलक लगा के,
करे भाई का सत्कार भाई राखी बंधा के बहन से करे करार,
भाई प्राणो से चुकाये, राखी का भार

राखी में दिखे बहन भाई का प्यार, पिता का झलके बेटियों में लाड
दुलार बहना, भैया की, लम्बी उमर की, करे पुकार, धागो में गुंथा,
रिश्तों का ऐतवार

कृष्ण की अंगुली से, बही खून की धार, द्रोपदी ने बांधी पटी,
पल्लू का टुकडा फाड द्रोपदी को, निः वस्त्र ना कर सका,
कौरव परिवार, मुरली ने चुकाया, राखी का आभार

कुन्ती ने पुत्रों को भेजा, राखी बांध के युद्ध के द्वारा, लडाई में,
कोरवो की हुई हार राखी में छिपा, मां की ममता का उद्‌गार,
फौजी राखी बंधा के, दुश्मनो का, करे संहार

राक्षसो ने मचा रखी थी हाहाकार, राजा इन्द्र था चिंतित, युद्ध जीते
किस प्रकार इन्द्रानी से राखी बंधा के, किया प्रहार, इन्द्र जीत गया
खड़ा था, हार के कग़ार

सौ यज्ञ पूरा करा के बलि ने मांगा, स्वर्ग का अधिकार,
इन्द्र को, चढ़ी बुखार देवताओं ने, भगवान विष्णु को,

लगाई गुहार, सुनी, देवताओं की चितकार

विष्णु गये भिक्षुक् बनके, धर के बावनियो अवतार, बलि ने किया,
आदर सत्कार बलि ने पूछा तुझे किस चीज की दरकार,
विष्णु ने मांगा, तीन पांव, जमी का अधिकार

बलि, तीन पांव, जमी देने को, हो गये तैयार, विष्णु ने मापा, भू और
नभ का आकार बलि ने, तीसरे पांव का लिया, शीश पे भार, खुश
हो के, बलि को दिया, स्वर्ग का प्रभार

विष्णु ने कहा कैसे करू आपकी मनुहार, रहो मेरे पास,
करू रात–दिन दीदार लक्ष्मी से, विष्णु ने, कर लिया किनार,
नारद ने सुझाया, वापिस लाने का उपचार

लक्ष्मी ने, बलि को राखी बांधके, मांगा अपना प्यार, बलि ने,
खोल दिये किवांड साथ में ले जा, तेरा घर संसार,
अब इस चौकीदार की, मुझे नही दरकार

राखी, मां बहनों का ब्रज हथियार, राखी का, मुगलों ने भी किया
आदर सत्कार करनावती ने भेजा, हुमायू को, राखी का उपहार,
हुमायू ने, रानी पे, ना होने दिया वार

अलेक्स, पोरस का जीतना चाहता था, राज–दरबार, मैम को उठे,
भय के विचार पोरस को राखी बांध के, बना दिया उदार, पोरस ने,
अलेक्स पे, ना चलाई कटार

राखी के पवित्र धागो में बहे, प्रेम की धार, रक्षा–बंधन में दिखे,
रिश्तों की बहार राखी करे, मानव कल्याण का सिंगार,
निखारे इंसानो की, आत्मा और संस्कार

''राखी का चुकाओ भार''

34

"भागवत प्रेम का न्यौता"

हो गए धन्य मुम्बई निवासी, आचार्यजी पधारे, भागवत का न्यौता लेके।
श्री धर्मेन्द्रजी के मन, भाव और करमों में, भागवत गीता का ज्ञान झलके।।

तपोवन भूमि, पंचशील में, सुनो भागवत की हुन्कार।
सत्य, कर्तव्य, निष्ठा से, ओत प्रोत हो, लोगों के शृगांर।।

पधारों, मुम्बई के निवासियों, भागवत गीता का, लेने ज्ञान।
भागवत के भक्तगण भक्त लोगों का, करें मान–सम्मान।।

अहोभाग्य हमारे सपरिवार, श्री सुकदेवजी पधारे, हमारे द्वार।
भागवत के भावों में, छलकेगें, सत्य और पुरसार्थ के उद्धगार।।

पंचशील का आंगन, हो गया शुद्ध, वेद व्यास, गणेशजी, पधारे खुद।
सुकदेव जी, सुनायेगें, मुख–विन्द से, भागवन में, ज्ञान का वजूद।।

ना पीछे मुड़ के देखो, जीत हार को, करो किनार।
सत्यता से, आगे बढ़ो, होगी जिन्दगी की, नैया पार।।

भागवत गीता में, बहे सत्य, धर्म और कर्म का झरना।
सच्चे भाव से, भागवत ज्ञान से, जीवन के गागर, को भरना।।

भागवत गीता के, कर्णधार चले गये, रह गए इनके अमर अवशेष।

इन अवशेषों में, मिले उपदेश, भागवत में मिले, हिन्दू धर्म का संदेश।।

जन्म से, मरन तक, भागवत गीता की पड़े दरकार।
युग पुरूष, नन्द का लाल, करे हम सबका उद्धार।।

भागवत प्रेमी, सपरिवार पंचशील के आगंन में दो दस्तक।
भागवत को उतारो दिल में, 22 से 30 नवम्बर तक।।

''नमन करो भागवत गीता को''

35

"गुरुवार, भागवत के झाता का, करे आभार प्रकट"

भागवत प्रेमी आचार्य श्री. धर्मेन्द्रजी शर्मा का, करे आभार प्रकट,
भाव भरे कोकिला कंढ से, श्री मद–भागवत ज्ञान का पहनाया मुकुट

आचार्य श्री, धर्मेन्द्रजी ने, पंचशील में घोली, प्रेम की मिश्री,
भक्तों को, श्री. धर्मेन्द्रजी ने, खिलाई भागवत–ज्ञान की खिचड़ी

भागिरथजी बन के गोकुल धाम के उपवन में, लाये धर्म की गंगा
निष्फल, पुरूसार्थ के आगे, हानि, लाभ, जीत नहीं, बने अड़ंगा

भागवत लिखी गयी बाद में, पहले संत पुरुषों ने, भागवत के आदर्शो को अपनाया, उतारलो, सतगुरूओं को दिल में, ना होगी जिन्दगी में, दुख और कष्टों की छाया

धर्म की होसला अफजाई में, जिंदगी ने, मोत को गले, बार–बार लगाया,
सत्य के आगे ढेर हो गये, यही उपदेश, भागवत–गीता ने सिखाया

यश–अपयश की परिभाषा को, श्री धर्मेन्द्रजी ने समझाया
श्री, धमेन्द्रजी शर्मा पधार के, सबके दिलो को, मन से रिझाया

कोटी, कोटी प्रणाम, श्री. आचार्यजी को, पाप पुण्य का,

हिसाब समझाया महाग्रन्थ का निचोड सुनाया, सत्य कर्म है,
धर्म की ढंडी छाया

धर्म के ज्ञाता, जगाते रहो नास्तिको को, ना करें जिन्दगी,
फोकट में जाया, अर्धमी जागे नींद से, झूट, कपट अधर्म, पाप से,
कोई, नही सुख पाया।

श्री धर्मेन्द्र जी कृश्ण बनके, दो दर्शन मुम्बई नगरी में
पढाओं, ज्ञान का पाठ मन से, रहो हमारे, दिल की छपरी में,
''श्री, धर्मन्द्रजी को नमन और प्रणाम''

36

दामिनी को सलाम

खून से लथपथ, ललनाओं की लाश पड़ी हैं बापू के राजघाट के द्‌वार
देश के कपूत दरिन्दों ने, धोखे से नारी की अस्मत पर किया हैं वार

भारत मां का आँचल, हो गया मैला, कपूत बेटों ने,
अबलाओं की आबरु से खेला घायल ललनाओं का जन पथ पर,
लगा हैं मेला, हैंवानों का जमीर हो गया मैला

दामिनी बेटी के आगे, झुक गया शर्म से, सवा अरब देशवासियों का
भाल ना बचा सके, तेरी अस्मत ओर ज़िदगी, दिलों में हैं,
सबकों बड़ा मलाल

प्राणों की आहुति देके तुने, जगा दिया नारी का,
सोया हुआ स्वाभिमान दरिन्दों, ना करना दुसाहस,
दामिनी के संग, खडा हैं सारा हिन्दुस्तान

हिल गये, लोकतंत्र के खम्भे, देश के करणधारों की,
नींद हो गयी हराम प्रधानमंत्री, राष्ट्रपति जनता ने,
नमस्तक होके, किया तेरी, सहादत को सलाम

तेरी बहादुरी और जज्बो से, जलती रहेगी, इंसाफ की मसाल
मौंत का खौंफ होगा, हैंवानी दरीन्दों के दिलो में, ना होगा इमाने हलाल

कानून, प्रशासन, पुलिस होगी चौंकनी, ना घटे ऐसी घिनौंनी,
दोबारा घटना तितली उड़ेगी निडर हो के, नारी भक्षी भँवरों का,
संहार करेगी भारत की ललना

37

ज्ञान की महिमा

ज्ञान पे टीका सारा जहान, बिना ज्ञान, मानव होते पशु सम्मान,
पाठशालाओं में ज्ञान का होता निर्माण, ज्ञान के बल पे,
ज्ञानी को मिले सम्मान।।

ज्ञान महारत्नों का रतन, ज्ञान मिले, मन से करे जतन
प्रलय भी ना कर सके, ज्ञानी का पतन, ज्ञानी को दुनिया करे नमन।।

ज्ञान ने दिये कृष्ण, बुद्ध, क्राइस्ट, पैगम्बर जैसे अवतार
ज्ञान से बने मसीहा, सत्य कर्म थे, इनके उद्‌गार।।

गुरुकुल है ज्ञान का सागर, गुरु ज्ञान सागर से, भरता गागर,
गुरु शिष्य को ओढ़ाये, ज्ञान की चादर, गुरु का है,
ईश्वर से ज्यादा आदर।।

ज्ञान से मिला सुखों का साधन, होता अहिंसा का ज्ञान,
ना होता लादेन वेद अभियन्ता ज्ञान के उत्पादन, ज्ञान,
जिदंगी जीने का साधन।।

जन्म से मरन तक, ज्ञान की पड़े दरकार
बिना ज्ञान के, इंसान है, धरती पर भार।।

भागिरथी प्रयासों से, वैज्ञानिकों ने किये आविष्कार,
ना होता इलम, मानव कैसे छुता, चांद के द्वार।।

मनुष्य ज्ञानी बन के, दिल की धड़कनों को भांपा
बिना इलाज के, जच्चा बच्चा मर जाते, जब हो जापा।।

ज्ञान को अंग्रेजी मे कहे, नॉलेज, ज्ञान है सब विषयों का कॉलेज,
इंसान की, ज्ञान से बने इमेज, ज्ञानी के आगे, बोनी है चेलेन्ज।।

ज्ञान से निकले महात्मा बापू, ज्ञान ने आकाश में रौपे टापू
अज्ञान ने दिये सो मारखा डाकू, अज्ञानी को कहे गवांर और झापूं

ज्ञान है जीवन दान, ज्ञानी की उपमा, अलंकार है सबसे महान
ज्ञान ने जल–थल, नभ को मापा, ज्ञान ने लिखी,
गीता बाईबल और कुरान।।

ज्ञान है जिन्दगी का फलदायी बगीचा, मिले फल मीठा, तन मन से,
जिसने सींचा सरस्वती की पूजा करने वालों का, सर ना हो नीचा,
बुद्धि ज्ञान चले साथ में, कंकरिली जमी, बने गलीचा।।

ज्ञान और विद्या जीवन में फैलाये प्रकाश,
ज्ञान से हो चोरों तरफ दुनिया का विकास।।

सोया समझ के, लोग ना देते, मुर्दे को मिटी,
ना होता ज्ञान, मुरदो के नाम की आती चिट्ठी।।

ज्ञान के बल पर चींटी करे, गज राज को चित
बुद्धि और सब्र से, हारी हुई बाजी ले जीत।।

ज्ञान की सीमा और महिमा अपरम पार
ज्ञानी को मां सरस्वती करे, दिल से दुलार।।

बुद्धि, तन, मन, धन और ईमान में है, ज्ञान का निवास
अज्ञान में समाये मजबूरी, भूखमरी, लोग करे उपहास।।

मां की कोख से, आते ही शिशु, रोके करावे, दूध का ध्यान
मां की गोंद में सिखे, खाना पीना, चलना, बोलने का ज्ञान।।

चोर भी ना चुरा सके, ज्ञान का भंडार
धन पर आवे कुड़की, ना हो ज्ञान पे प्रहार।।

ज्ञान कराये, मां–बहन, समाज, ईमानदारी, दुराचारी, का अहसास
होता रिश्तों का आभास, पशु पक्षी खून के संग, ना करते सहवास।।

ज्ञान और विद्या जीवन में फैलाये प्रकाश, ज्ञान से हो चोरों तरफ
विकास ज्ञान कराये पाप पुण्यों का अहसास, ज्ञान ही है सबकुछ,
यही है, ज्ञान का सारांश।।

38

"नशा ज़हर का प्याला"

नशा है, मानव का दुश्मन, नशा बने, जिदंगी की उलझन
नशा उजाडे देह का उपवन, नशा सुनाये, मौत का रूदन

नशे की लत है, बडा अभिशाप, नशे में धूत होक, करे पाप
दारु, गान्जा, भांग बन गये बाप, करदे ज़िन्दगी का, छोटा मांप

संगत और बड़ों से सिखे, नशापान, नशा करके, समझे बलवान
नशे के अडे, नशे के खलियान, उजड जाये, जिदंगी के गुलिस्तान

नशा, बीमारियों का जन्मदाता, चले जाते उपर, छोड के भ्राता
नशेडियो का टूटे, समाज से नाता, करे खुरापात, खाये लोगों की लाता

नशे से कंगाल हो जाये, धनवान, लूट जाये, सपनों का जहान
खुशियों का चमन, दिखे विरान, नशाखोर हरे, अपने हाथों से प्राण

नशा बिकादे, सोने चांदी की खदान, नशा करके,
ना बना कोई महान शराब में, सडे अंगुरो का विषपान,
शराब बनी, शिष्टाचार की पहचान

सदियों से, बदनाम है मधुशाला, नशा है, जहर का निवाला
मंद हो जाये, जिदंगी का उजाला, देह दिखे, जैसे हो कंकाला

नशा है सदियों से बदनाम, नशे की लत पर, ना लगे लगाम
दुराचारी करे, नशे को सलाम, नशे का, बडा बुरा अंजाम

नशे से, हो जाये बदनाम करे, धन सम्पत्ति को निलाम
नशा नहीं है, मानव का काम, करे जिदंगी को, मौत के नाम

करना है, दुश्मनी का काम, बनादो उसको, नशे का गुलाम
चाकू छुरे का, क्या काम, नशा करे, दुश्मन का, काम तमाम

नशे पे, ना लगे इलजाम, नशा नहीं चलके आता, आदमी के धाम
नशे को खूद करे प्रणाम, जाम करे जिन्दगी का चक्का जाम

नशे का आदमी हो जाता गुलाम, नशे को करो दूर से प्रणाम
नशे से मिले दुखों को इनाम, समाज से कट कर रहे गुमनाम

नशा पान है कलंक का निसान, पड़ गयी आदत ना मिले निदान,
नशे में ना बचे, लोगों का इमान, राक्षस बने जल्दी हैवान

नशे से, आदमी ना भर सके, ऊची उडान, इंसान से बने, हैवान
मान्स है प्यारा पकवान, जिदंगी स्वाह करके, चुकाये ऐहसान

नशा खोर बने, नशे के लती, हो इनके, शरीर की छती
गुल हो जाये, प्राणों की बती, करे, जिदंगी की दुर गति

भांग, गान्जा, शराब, इनके पती, नशेड़ी के आगे, ना हुई कोई सती
उजड जाये नशे से, चेहरे की रती, ना बनाये इनको, कोई अतिथि

नशाखोर है, समाज पर बोझ, पिंघल जाये, राष्ट्र का ओझ
कुंवारी रह जाये, घर की फौज, कलंकित करे, नशे का विसभोज

नशे में समाये, सारे दुरगुण, इसमे है, दुराचारी की धुन
नशा है, संस्कारो का कसुण, नशे में नहीं, रति भर गुण

नशे से हो जाये मदहोस, ना रहे, जरा भी होश
छिनले तन का जोश, नशे में है, दोष ही दोष

नशा बना दे, इंसान को कंगाल, घर में पडे, रोटियो का अकाल
नशे में घूत हो के, करे धमाल, नशेडी को, लोग कहे चंडाल

नशा है, जहर का मीठा प्याला, नशेडी ओढे जल्दी,
मौत का दुसाला नशे से सिलगे, बीमारियों की ज्वाला,
अरमानो का, निकले दीवाला

नशे से बने, राक्षसी प्रवृति, हेवान बने, देख के युवती,
सैतान करे, प्राणो की दुरगति, मारी जाये, इनकी मति

नशे से घटे दुरघटना, लोगों की जिंदगी का, करदे खतना
काराघरो में देखे सपना, जेलों में चकी पिस के, पडे खटना

जिदंगी को, मौत से ना परोस, होगा रोस ही रोस
नशे का ना हो पडोस, नशा दे, गुलामी की धोन्स

पीढ़ियों में दिखे, इनकी रीति, सालों साल, हो फजिती
शराब है, कन्या कपुति, सुरा को समझो, अछूति

नशा ना हो, लोगों की आदत, ना आने दो कयामत
नशा है, रोज की आफत, नशा मुक्त हो, सारा भारत

लो सोंगंध, देश, समाज, ओर परिवार की, ना करो दोस्ती, नशे के यार की, खाओ कस्में, देश के सम्मान की, नशा मुक्त गलिया हो, भारत के अरमान की

नशा करो, देश के अभिमान का, नशा करो, समाज के कल्याण का
नशा करो, देश के उथान का, नशा करो, उजवल भारत के, निर्माण का

39

"मां का दामन, ममता का आंगन"

मां दीया–बाती और तैल, मां कराये, मानव जात से मेल
यह सब, उपरवाले का खेल, मां, ममता दूलार की बेल

मां ममता की मूरत, मां का दिल, सबसे खूबसूरत
मां की चले हूकुमत, मां पूरी करे सबकी जरूरत

मां के खून से, गर्भ मे हो, शिशुओ का निरमान,
मां का बच्चो में दिखे प्राण औलाद का दर्द देख के,
मां की निकल जाये जान, मां, जीवन करे कुरबान

नो महीने, मां सहे अपार कष्ट, भ्रुण को, ना होने दे नष्ट
बच्चा रहे, मां के गर्भ में लिपट, अपने खून से, करे पूष्ट

मां भूखी रह के, बच्चों को खिलाये आहार,
पढा लिखा के करे होशियार बच्चो पे करे जीवन न्यौछार,
अपने लिये, बच्चो से, ना करे गूहार

मां की गोद मे सिखे, बोलने चलने का ज्ञान,
मां का दूध पी के बने बलवान मां,
सूख सम्पदा की खदान, मां मानवजात का, करे कल्याण

जननी, समाज और देश की शान, मां ने पेदा कीया, कृष्ण भगवान

मां घर में, संस्कारो का उद्यान, मां सींचे बगीया को बनके बागवान

मां का आंचल, ममता भाव का आंगन,
मां की, गोद, लाड–दूलार का प्रांगण
मां दूआ करे बहु– बेटी, रहे सुहागन,
बच्चों की बला पे बिछादे, अपना दामन

मां की आंखों में दिखे, सुनहेरा संसार,
मां के हाथो मे, सरस्वती का भंडार
मां का मुखडा, दया भाव का करे सिन्गार,
मां के दूध के आगे अम्रत भी बेकार

दुख पीड़ा में, इन्सान मां को पुकारे, मां से दिखे, घर में उजियारे
मां की ममता, प्रेम–भाव, सबसे न्यारे, मां के संग, जिन्दगी की नेया, लगे किनारे

मां है श्याम–सवेरा, मां की गोद खुशियों का बसेरा,
मां दिखाये, सपना सुनेहरा, मां के भावों को न खरीद सके कुबेरा,
मां की ममता के आगे, फीका है, धन का तिजोरा

मां के आंचल तले, बचपन ले हिलोरा,
सजे, किशोर–अवस्था का दोरा, यौवन चढ़े, मां सुनाये, ग्रहस्ती की लोरा,
मां बने दादी, खिलाये छोरी–छोरा

मां, विद्या–ज्ञान का महासागर, बच्चे, सागर से भरते गागर
मां का नाम, करे उजागर, मां का ईश्वर से ज्यादा आदर

बेटा–बेटियाँ, मां के जिगर के टुकड़े,
सुक जाये देखके, बच्चो के दुखड़े, जननी सहे, सन्तान के नखरे,
ओलाद की बदनामी, मां को अखड़े

मां की आंखों मे दिखे, स्नेह का उपवन, माथे पे कला का चन्दन
मां लुटाये सन्तान पे तन और मन, मां के चरणों मे धन ही धन

बचपन मे चलाये, उँगली पकड़ के,
वृद्ध–अवस्था मे, औलाद, मां की पलके,
मां–बाप का साथ हो जिन्दगी भरका,
बेटे–बेटियाँ रोये, मां से बिछुड के

शीश काट के रखदो मां के चरणों मे, ना उतरे मां का आभार
महल–मालीया, हीरा–पन्नो से बड़ा मां का प्यार–दुलार

मां की, ममता से छोटा हिमालीया दुरगम पहाड़
गुरू और इशवर, दोनो, मां को करे नमस्कार

मां सिखाये, मा से बड़ी, भारत माता, धरती मां,
देश की भाग्य विधता, देश और मानव सेवा से, मां का नाता,
मां का लाडला, देश पे जान लुटाता

जननी ने जने राम–कृष्ण अवतार,
राम ने बनवास जा के, मां का किया सत्कार
प्रताप–शिवाजी ने, मां का चुकाया आभार,
प्राणो की बली दे के, देश पे हो गये न्यौछार

मां का, सर पे रहे, ममता का हाथ, मां बिना, बच्चे दिखे, घोर अनाथ
जिन्दगी भर रहे, मां का साथ, मां प्राणों से चुकाये, बच्चों की जकात

मां के चरणों में है जनत, मां पूरी करे, बच्चो की मन्नत
मां के राज मे, न रहे किल्लत, मां, सबसे बड़ी मिलकीयत

मां के चरणों की धूल, धामों का धाम,
मां के लाड–दुलार पे, न लगा इलजाम

श्रवण जैसे बेटो पे, मां को गूमान,
मां का पावन स्पर्श, इनामो का इनाम

मां बिना सूना है घर संसार,
मां के आंखो मे दिखे, ममता का भन्डार
मां के आंचल में, सिमटा प्यार, मां की छाया में मने रोज त्यौहार

मां, जिन्दगी की ठंडी छाया, मां के दूध का रिण, कोई नही चुका पाया
मां को यातना देके, कोई नही सूख पाया, मां की सेवा ना जाये जाया

मां को ना तोलो, धन दौलत के रिस्तों से,
मां है बड़ी, गुरू और फरिश्तों से
मां का ऋण, ना चूके किस्तो से,
मां कर भार कम हो, सेवा–भाव के गूलिस्तों से

मां को प्रणाम

40

"खोखला समाजवाद"

समाजवाद दिखे, केवल नारो में, है लोगों के, खोखले उदगारो में
गरीब खड़े रासन की कतारो में, अमीर ऊँचा उड़े, गुबारो में

समाजवाद, अजब का ढान्चा, अमीरों ने गरीबों को मारा तमाचा,
समाजवाद में दिखे, लोचा लपाचा, मानवता को, दिल से ना बान्चा

धनवानो ने, कर लिये, महल खड़े, हिरा पन्नो से, परिधान जड़े
दरिद्र कीमती, महंगी रोटी से लड़े, निर्धनता मारे, गरीबों को तड़े

कोई खेले, सोने के खिलारों में,
निरधन पले, सरकारी मुक्त के, गलियारों में
धन्ना सेठ, विराजे, कुतम्बमिनारों में,
निरबल बसे, आसमा के खुले चोबारों में

विलायत अमेरिका मे पढ़े, लोग बड़े, गरीब ना भर सके, ज्ञान के घड़े
पढ़ाई का खर्चा गरीब को अड़े, ज्ञान के पास, निरधन ना हो सके खड़े

निरबलो का ना दिखे वजुद, घन्ना सेठ खाये सूद पे सूद
पी गये इनके हक का सारा दूध, लोगो की आँखे दी मून्द

पढ़ लिख के, बन गये भाग्य विधाता,
कमज़ोर दिखे इनके चरणो में गिड़गिडाता

निजी और सरकारी औधों के दाता,
जिन्दगी भर खाई, बड़े लोगों की लाता

समाज से टूट गया नाता, देश को लूट के करे देश प्रेम की बाता
दिन में दिखे, बगुले भगत भ्राता, शुरा सबाब में कटे रंगीन राता

महंगाई, भ्रष्टाचार, दुराचार, अत्याचार,
हो के इन कपटी घोड़ों पे सवार
मानवता, देशहित, समाज पर, करे प्रहार,
चढा है समाज के दुखो का बुखार

पहन के, मानव सेवा के मुखोटे, दीन हीन को, दोनों हाथों से लूटे
महंगाई, गरीबी से, निरबलो की जान घुटे, निकले, हरजाई और झुटे

देश सेवा के नाम पर करे घोटाला, कौन लड़े थानेदार है साला
साहिबों ने पहनी नोटो की माला, कौन ले इनसे पंगा और पाला

दुराचारी, काला बजारी, से करे मूंह काला,
सुरा है जिन्दगी, कोठे है पाठशालाा
महंगाई गरीबी से, निर्धन हो गये कंगाला,
मांग के ओढे मोत का, सफेद दुसाला

प्रजातन्त्र ने, समाजवाद को दिये पांच मौलिक अधिकार
ना हो सका, शर्व सुखाय समाज का, अधुरा सपना साकार

शहिदों ने प्राणों की देके आहुती, दिलाई सवराज की दुर्लभ विभुति
नेता, अफसर, साहूकारों ने, पहनी पापो की जूती, बोले, इनकी तूती

जन, गण, मन, अधिनायक नही इनकी स्तूती,
देश का धन है, इनकी बपोती
लेलो डुबकी बह रही पाप की गंगा कढोती,

मन्द हो गई देश प्रेम की ज्योती

अमीरी गरीबी, छोटा बड़ा, ऊँच नीच की, बढ़ गई खाई
समाज सेवा की आड़ मे, बन गये बेरहम निरमम कसाई

निर्धन, दो रोटी और दो गज कफन को तरसाई
धनवानो ने नही, गरीबी ने, देश पर जान लूटाई

मजदूर करे दिन भर, गधामजूरी,
करे बड़े लोगों की जिन्दगी भर जीहजुरी
खून को पानी करके, भरे इनकी तिजोरी,
फिर भी दो वक्त की रोटी की मजबूरी

पढ़े लिखे लोगों का बोल बाला, हुकुमरान बन गये, देश के लाला
समाजवादी खाये बीच में गाला, देश की तीजोरी का टूट गया ताला

उठो नीन्द से भारतवासी, जहां भी हो अन्याय, अत्याचार और बदमासी
देश का विधान ले, इनकी तलासी, ना खाने दो इनको, हराम की रासी

ना छिनो, गरीबों के मुंह का निवाला,
काम करो ऐसा, अंधियारो में दिखे उजाला
समाज हित का हो, देश में बोलबाला,
भारत में मानववाद का, नाग हो निराला

41

"नारी की लाज लुट गयी सरे बाजार"

दामनी के संग, दिल्ली की आबरू हो गयी गीली
भारत की लाज, पड़ गयी पीली, खुब उड़ी देश की खिल्ली

देश की आन नही रही शर्मीली, खोफ में पल रही छबीली
हेवानी भवरों ने, देश के माथे, पे ठोक दी कलंक की किल्ली

देश की राजधनी में, रोज घटे बलात्कार की घटना
दिन के उजाले में, लुट रहा है, नारीयों के लाज का गहना

हिन्द की बेटियों की, लूट रही इज्जत सरे बाजार
चाकू की नोक पे योण दरिन्दे, करे अबलाओं का शिकार

योण शोशण भेड़ियों ने, मचा रखी है हाहाकार
माँ बहनों का, घरों से निकलना, हो गया दुसवार

ना बचा सके राधा रूकमण की आबरू, अपने घर में
भुल गये भाई, खाई थी बहन की, रक्षा की कसमें

लोकतन्त्र के, रखवालों की नाक के तले हो रहे सामूहिक दुराचार
चीन पर कर सके प्रहार, जबरन जिस्म फरोसो के आगे, दिखी लाचार

बहू बेटियों की सुरक्षा और आबरू, है राम भरोसे

लूट ले हेवानी दरिन्दे, नारी कर अस्मत चाहे जैसे

VIP की सेवा में लगे जवान, जनता की सुरक्षा करे कैसे
भारत की नारी, कब तक डर डर के जियेगी ऐसे

विरांगनाओं ने, इन्साफ की लगाइ दहाड़
न्याय मांगने गयी राष्ट्रपति के द्वार

जमके हुई अबलाओं पर डन्डों की बोछार
पथर दिल और निर्लज है ये सरकार

देश की कानून व्यवस्था, और रक्षकों पर ना करो ऐतबार
देश का कानून है इतना लचिला, ना डरे ये हेवानी खुंखार

देश की अबलाये, ना लगाये शासकों से, रक्षा की गुहार
भारत की विरांगनाये, बनके क्षत्राणी, करे इन दरिन्दो पर प्रहार

हिन्द की बहू बेटियाँ,
लक्ष्मी बाई और अहिल्या बनके, शासको को ललकारा
हम लड़ेंगी हमारी सतिव की लड़ाई,
नही चाहिए झूठे आसवासनों का पिटारा

हेवानी दरिन्दों ने मां बहन की लाज की, करदी लुगदी
नारी की अस्मत लूटने वालो को, सरे आम फान्सी लगे जल्दी

बलात्कारियों, योण शोसकों के हाथ काट के, कर दो अपाहिज
मूँह काला करके घुमाओ, इनके बांध दो हथकड़ियों की ताबीज

योण शोशण, छेड़छाड़, बलात्कार की सजा में हो,
कठोर और निरमम सजाये
कानूनी प्रकिया में ना लगे समय,
न्यायलय तीस दिनों में सजा सूनाये

देश के मालिकों ने मुलाजीमो को लगाई है फटकार और दुतकार
लोकसभा में पारित हो कानून, बलात्कारियों का मोत करे सतकार

चलचित्र, अखबार मिडीया मेगजीनो ने, नारी के योवन को दूहा
नारी के उभार, बलात्कार के द्रस्यो ने, किया संस्कारो को स्वाहा

भारत की मां, बहने, बेटा, बेटी, खायेंगे गोली और लाठी
हिन्द के चमन को, ना बनने देंगे, दूराचारीयों की घाटी

ना कर सके मां बहनो की रक्षा, नही है इन्हें कोई लाज शर्म
देश की जनता की, आबरू की सलामती है, राजा का राष्ट्र धरम

42

भ्रूण हत्या, निरमम अपराध

भ्रूण हत्या, कन्या हत्या, नारी हत्या, सब का एक ही तथ्या
भ्रूण हत्या, सोच है मिथ्या, समाज की, दिखे कुरूतियां

कन्या को मारके, करे बड़ा पाप,
ना होती नारी कैसे बनते पुत्रों के बाप
अबला के कारणा, दिखे लोगो का प्रताप,
जन के तुझ को जननी करे पश्च्यातातप

नारी से मिले वेवाहिक सुखों का मिलाप, नारी के प्रती
बदल गया सुर और आलाप समाज मे रूतबे का ना हो छोटा माप, कन्या
को जन्म से पहले ना दे मोत का सराप

सभ्य समाज करे, खुद के खून का खून,
चढ़ा है इनपे, हेवानियत का जनून
माँ, बहन, बेटियो को करे मरहूम,
हेकड समाज में बेटिया बन गयी कसून

प्रेम अवस्था में नारी लगे सुहनी, मर्द सुनाये हीर–रान्झा की कहानी
प्रेम रस में दुनिया दिखे बैगानी, नारी सुख की, दुनिया दीवानी

कन्या को माँ से हकीम करे दूर, बेटी का सजोया सपना, हो जाये फूर
घर में, कन्या का ना दिखे नूर, जननी को, मरने को करे मजबूर

ना पलेगी बेटियाँ गर्भ में, लाडले फिरेंगे, कुंवारे जग में
ना सुनेंगे प्रेम के नगमें, कौन लिखेगा, भ्रुण हत्या के कल्में

कन्या को गर्भ मे मारके, ना करे विलाप, सभ्य समाज को
मुंह पे मारे थाप रसुखदारों के झुकने से, कम हो जाये छाप,
ना है इनके दिलों में पश्च्याताप

कन्या है कुदरत की अद्भुत कल्पना, बेटियाँ करे पुत्र पुत्री की रचना
बेटे पहने सोने के कंगना, बेटी चखे ज़हर का चखना, नारी बनी विडम्बना

वजन दार लोगो ने कन्या से तोड लिया नाता, गर्भ पर जुर्म ढहाता
नारी कल्याण की करे बाता, होता माँ का दिल भ्रुण को सूई ना चुभाता

बेटियाँ इन्सानों की जन्मदाता, नारी है शिशुओं की भाग्य विधाता
नारी की कोख वन्स बढाता, कन्या ममता और दुलार की दाता

मर्द है नारी देह और रूप का प्यासा,
अबला के जिस्म से पूरी करे जिज्ञासा
देवे अमर प्रेम की झूठी दिलासा,
दिखे कोख में कन्या, पलट दे गर्भ का पासा

कन्या है संसार की भाग्य विधाता,
ना होती नारी ना होते बहन और भ्राता
बेटा पहना दे अपनी खाल के जूते मां को,
फिर भी मां का ऋण ना चुका पाता

मर्द जात ने छीन लिये नारी के जजबात,
नारी के अरमानों को करे बरखास्त
अबला करे प्रेम दुलार की बरसात,
नारी होने की खून से चुकानी पड़े जकात

कन्या है पराया जर, उपर से लिखवा के लाये, अपना वर

सात कन्या वाले मां बाप, ना गये मर, बेटियाँ है, लक्ष्मी का घर

नारी का रूतबा महान, लोग पराई बेटियों का करे कन्यादान
झुठे अहंकार को करे कुरबान, कन्या को ना दो, मौत का फरमान

नारी भ्रुण की हत्या करे दानव, ये काम ना करे भला मानव
नारी का भ्रुण दुलार का दामन, इन्सान ना मचाये तान्डव

बहुएँ ना जनेगी बेटियाँ घर में, बेटे फिरेंगें कुवारे जग में
रह जायेगी, जवानी मन में, मानव की नसल ना दिखेगी घर में

करोड़ों हिन्दू वेष्णव देवी को पूजे,
रात दिन दुर्गा मैया की महिमा गुंजे
देवियों को मार के, इनका दिल ना पसिजे,
छलनी करे मां की आत्मा और कलेजे

भूल गये नारी की महिमा, अबला ने, राम, कृष्ण, बुध को जन्मा
कन्या है सभ्य समाज की गरिमा, बेटी है प्रेम दुलार की उपमा

याद करो झांसी की रानी और अहिल्या बाई,
हो घोड़े पे सवार करी चढ़ाई
दुश्मनों को रण भुमी में धूल चटाई,
विरान्गनाओं ने देश पर जान लुटाई

दोनों हाथों में ले के तलवार, किया जबरदस्त प्रहार,
दुश्मनों का किया संहार, मातृ भूमि पर हो गयी न्यौछार

बेटियां है पुरखों की अमानत, ना करो नियत में खयामत
बेटियों को रहने दो सलामत, करो, बहू बेटियों की हिफाजत

नारी है कुदरत की इनायत, बेटियो का फैसला ना करे पंचायत,
अबला की राम–कृष्ण ने करी हिमायत, ललनाओ की करी हिफाजत

भ्रूण हत्या सबसे बड़ा निरमम अपराध,
अत्याचारों की सीमा ना लांध
कानूनी लक्ष्मण रेखा को ना फांद,
जन्म से पहले, बेटियों का नर करो श्राध

नारी उठाये नौ महीने आपार कष्ट, कन्या के भ्रूण को करे नष्ट
बेटियों के प्रति सोच हो गयी भ्रष्ट, अबला को दे कष्ट ही कष्ट

प्रेम प्रसंग नतीजे का करे कत्ल, बेटियों से सर भुके ना लगे मन्गल
भ्रूण नासनी ओसध प्रहार करे प्रबल, गला घोट के ना जिने दे एक पल

अनुचित प्रेम फल का, पौधा नष्ट करे, ना हो जाये बदनामी,
कली निकलने से पहले काटे डाली, लग गया फूल तो ना दे पानी

कन्या के हत्यारों पर, बने निरमम हत्या का केस
नारी की आस्था को लुटके, जिन्दगी करदी शेष

कन्या भक्षी हैवानो का, अबलाओं से है दवैस
जिल्फ को मारके मां की आत्मा को, पहुँचाये ठेस

बेटियों से कम हो रूतबे का गरूर,
बेटे है रजवाडे का पूस्तेनी मगरूर
जवानी की भूल और प्रेम का कसूर,
खोकले नाम और प्रेम मे लुट गयी हूर

ना लान्घो मानवता की लक्ष्मण रेखा, नारी है भारत के गरूर की रेखा
ना लगे समाज के आंचल पे नेफा, ना लिखो नारी की तकदीर का लेखा

भ्रूण हत्यारों का करो बहिष्कार, काल कोठरियों में हो इनका सत्कार
बेटों बेटियों के बीच ना खड़ी करो दीवार, अनुचित प्रेम को करो किनार

"जय भारत माता की"

43

“कबूतरों पे करो, नज़रें–करम

कृष्णा की नगरी में रहे, सब पक्षी प्रेमी,
कृष्णा के निवासी, है बड़े नैमी धेमी

सुबह उठके डाले, कबूतरों को दाना
पक्षियों का जमावडा, दिखे अति सुहाना

कृष्णा का दवार है, कबूतरों का आशियाना
कृष्णा का आंगन, जलपान का शांत ठिकाना

दाना खाते, कबूतरों को सुने, मौत का तराना
पलभर में, स्वान, कबूतरों को लगे डराना

कुत्ते झपट के, कबूतरों को शूरू करे चबाना
जो ना उड सके, उनको कुत्ते बनाये निशाना

कबूतरों को जान से चुकाना पड़े हरजाना
प्रांगण बना, कबूतरों की, मौत का तहखाना

रहवासियों, कबूतरों को मौत से बचाओ,
कुतों को कृष्णा की चार दिवारी से भगाओ

भोर में, कृष्णा के आंगन में, चोकिदार बेठाओ

अन्यथा दाना डालने का, उन्चा मंच बनाओ

देंगे दूआ, ईनकी जान बचाओ, चुगा पानी कराओ
पक्षियों को, पानी पिलाओ, हिन्दू धर्म निभाओ

राजा शिवा ने पक्षियों पर तन, मन, धन लुटाया
इनकी जान के बदले, खुद का मांस तुलवाया

शरणागत, मूक पक्षियों का, धर्म सिखलाया
राजा शिव शरीर का दान देके, दानवीर कहलाया

पक्षियों की सेवा ना जाये जाया, ना समझो इन्हें पराया
स्वान से ना लड़ सके छोटी सी काया, ये आपकी शरणों में आया

मिले इन्हें, आपके अतिथि सत्कार की ठंडी छांया
दाना चुगे, सुरक्षित नीडर होके, ये है, आपकी रियाया

''पक्षियों को बचाओ''

44

"कुदरत का कोहराम, केदार के धाम"

कुदरत से बड़े नही है, इन्सान और भगवान,
केदार धाम, प्रकृती के कहर से, हो गया वीरान

पानी बहालेगया, पुल सड़के और मकान
जान–माल का, हुआ जबरदस्त नूकसान

विकराल तबाही को देख के, खड़े हो गये कान
जल–जले के सैलाब ने, ले ली हज़ारों की जान

बिखर गये लोगों के सपने, उजड़ गये जहान
बचाते बचाते जानो को, जवान हो गये बलिदान

अफरा–तफरी के बीच सुने, मौत के रूदन का गान
जुदा हो गये अपनों से, ना मिले, बिछड़ो के निसान

बादलो से पानी गिरा, जैसे फटगया आसमान
जल–जले के तांडव से, जमी बन गयी श्मशान

इन्सानों, पशु–पंछियों, जन्तुओं ने देखा, मौत का तूफान
तनिक क्रणों में जिन्दगी, देवभूमी में हो गयी कुरबान

देशवासी, इस आपदा से दुखी और परेशान

सब मिलके करो, उतराखंड का, फिर से उतथान

मदद करो, भुख–प्यासठंड से, निकल रही जान
दिवंगत आत्माओं को, ईश्वर, शान्ति करे प्रदान

यात्रीयों को पहुंचाओ,सलामत,सुरक्षित स्थान
फंसे, घायल, बीमार बच्चे बुढ़ो का, रखो ध्यान

ये तीर्थस्थल हिन्दुओं की आत्मा और अरमान
इनमे विराजमान है, सनामत धर्म के भगवान

उतराखंड, हिन्दु धर्म की धरोहर और आन
धर्म पुरूषों की देवभूमी, शंकर की, मनोहर और शान

तन–मन–धन से, पीड़ित लोगों का, करो कल्याण
देवभूमी में, केदार मन्दिर का, हो भव्य निरमाण

'जय केदारनरथ की'

45

"सचिन, क्रिकेट का भागवान"

सचिन ने ले लिया, IPL से सन्यास, लोगों की टूट गयी आस
सचिन, देशवासियों की सांस, दबंग ने, ना तोड़ा, लोगों का विश्वास

सचिन रमेश तेंदूलकर का लाल, भारत का ऊँचा किया भाल
बल्लेबाजी में, किया कमाल, क्रिकेट में, रची मिसाल

लोगों ने औढ़ाई मान–सम्मान की साल,
सचिन को पाके, देश हो गया निहाल
सचिन के बनवास से, लोगों को मलाल,
देश–प्रेम के जज्बे, ना हुए हलाल

क्रिकेट के आकाश में चमके सचिन तारा,
छोटी कद केठी ने बल्ले से दिखाया नजारा
टेस्ट मेचों में, रन बनाये हज़ारा,
धूरन्धरों की गेंदों को दिखाया किनारा

सचिन जैसा वीर, ना पैदा होगा दोबारा,
क्रिकेट के मेदान का, रोशन सितारा
जब जब देश ने, सचिन को पुकारा,
बल्ले से लगाया रनो का अम्बारा

तोड़ दिये, क्रिकेट के सारे रिकॉर्ड, ना कर सकेगा कोई, सचिन की होड़
महारथियों को पिछे दिया छोड़, सचिनकी बल्लेबाजी का, ना कोई तोड़

सचिन ने, वर्षों संम्भली क्रिकेट की डोर, लगाई देशभक्ति दोड़
सचिन भारत और दुनिया का चकोर, क्रिकेट के शतकों का सीरमोर

सचिन ने सुनाई देशभक्ति की लोर,
दिखाई क्रिकेट में, जीत की भोर
कोई कितना भी, गेंदबाजी में लगाये जोर,
कलाई से गेंदों को दिखाया छोर

सचिन ने भारत का परचम लहराया,
क्रिकेट के मेदान में, तिरंगा फहराया
मां तुझको सलाम सचिन जैसा लाल जाया,
देख के बल्लेबाजी, ब्रेडमेन शरमाया

सचिन को कहे, क्रिकेट का भगवान,
ना होने दिया, खेल–भावना का अपमान
फिक्सिंगमें, ना बिका इमान,
सचिन से, दुनिया में भारत की पहचान

सुनो देशवासियों के दिल का उद्‌गार, तेरा लाडला संभाले तेरा प्रभार
भारत मां माने तेरा आभार, तेरे खेल का दुश्मन भी करे सत्कार

पद्‌मश्री का बांधा, सचिन को साफा, हुआ, देशभक्ति में इजाफा
सांसद बनने से, बढ़ा देश–सेवा का मुनाफा,
वायु सेना से मिला, वीरता का लिफाफा

सचिन तुझे, कोटी–कोटी प्रणाम, दुनिया करे तुझे नमन और सलाम
ऊँचा किया भारत का नाम, तेरे होसले के आगे, छोटे है इनाम

''जय क्रिकेट के भगवान की''

46

राम जन्म भूमि

मस्जिद ढहाके नेताओं ने नही किया, कोई बहादूरी का काम
दो भाईयों की दूरीयां और बढ़ गयी, बंद हो गयी दुआ सलाम

हजारों हिन्दू मुसलमान हो गये कुर्बान, ना निकला कोई परिणाम
सरयू नदी हो गयी लहूलुहान, ना मिला रहीम, ना मिला राम

हिन्द के करोड़ों हिन्दू, मुसलमान भाईयों से करे फरियाद
अयोध्या में बने राम जन्म मन्दिर, कोई रास्ता करे ईजाद

हिन्दू धरम, इस्लाम के रहवरों से, करे गुज़ारिश
राम जन्म भूमि है राम की, तहे दिल से करे सिफारिश

राम जन्म भूमि, दो धर्मों के भाईयों की, नही है मजहब की लड़ाई
मुगल शासकों ने, तलवार की नोक पे, मन्दिर ढहाके मस्ज़िद चिनवाई

दिल पे हाथ रख के कहो, पहले राम जन्मा था या बाबर जन्मा
मिले हज़ारो प्रमाण अयोध्या में, राम इसी जन्म भूमि पर जन्मा

राम जन्म भूमी के गर्भ में मिले, हजारों राम मन्दिर के अवशेष
अयोध्या के आंगन के कण कण में दिखे, राम जन्म का संदेस

कबीर–रहीम के उद्‌गारों में, युग पुरूष राम नाम का गुन्जा डंका

रामायण के रचियेता, तुलसीदास पर अकबर का दुलार छलका

तुलसी को, राजापूर में अकबर ने, हजारों एकड़ ज़मीन से नवाजा
शहनशाह दिल्ली सम्राट के, मन मन्दिर में, रामधुन बजा था बाजा

मांगते सच्चे दिल से, राम की अमानत, मस्ज़िद हो
जाती मन्दिर पे न्योछार खुल जाती दिलों की गाँठे, साथ मनाते ईद
और दीवाली का त्यौहार

ईद में हिन्दू खाये, मुसलमानों के घरों की, भाई चारे की सेवाईयाँ
होली में, मुसलमान, हिन्दुओं के संग, खेले प्रेम भाव की रंग रलियाँ

47

"दहेज–दायजा, समाज का कलंक"

समाज मे बेटी, मां बाप पर बोझ, मां बाप करे सुन्दर वर की खोज
लड़के वाले मान्गे, दहेज की तगड़ी फोज, बहुए बेमोत मरती रोज

विवाह के, बढ़ गये आडम्बर, दायजे मे मान्गे, मोटी जर
कानून का, ना लगे डर, दहेज देते देते, विक जाये घर

बेटियां है, मां बाप का कलेजा,
लड़के वाले मान्गे, उपर से महंगा दहेजा
बेटियां भुगते, दहेज का खामियाजा,
बहुओ की बली ले के भी दिल ना पसिजा

दायजा हरले, कन्या के प्राण,
दहेज लेने वालो का नही हूआ कल्याण
दायजा ना मिले, वधुका हो अपमान,
बिखर जाये सारे, शादी के अरमान

कन्या है, सबसे बड़ा दहेज, ना होती नारी, कैसे सजती सेज
बेटी है, मां बाप का कलेजा,शादी है, दो आत्माओं का बन्धेज

सभ्य समाज में, बिकने लग गये लड़के,
बोली लगे लड़को की, बढ़ चढ़ के

रात दिन मां बाप को बेटी खड़के,
कैसे विदा करे बेटी को, हिरा मोती जड़के

दिनों दिन, विवाह के, बढ़ गये भभके, वर पक्ष, खड़ा रहे तनके
ना हो मुराद पूरी, वर पक्ष भड़के, वधु पक्ष, खुश करे पगड़ी रखके

मां बाप करे धूमधाम से, बेटी की शादी, वर पक्ष मान्गे सौमण चाँदी
लड़के वालों को, बहू नही, चाहिए बांदी, दहेज ने, लोभ की सीमा लान्घी

शादी का बढ़ गया आडम्बर,
बेटी की सगाई में, निकल जाये कुच्मबर
बिना देखे मर जाये, बेटी का स्वमबर,
दहेज ढाये, लड़कीयों पर बवनडर

बेटिया दब रही मटी में हर रोज, ना उठा सके दहेज का भारी बोझ
खत्म हो गया, नारी के गौरव का ओझ, कानून भी ना ले, इनकी खोज

बहु है ऐसा धन, ना हो, कभी कम, वन्स की बैल बढाये, हर दम
दहेज से बजे झगड़ों की छमछम, बहु के आगे झुकना पड़ेगा कम

दहेज को समझो पाप का धन, दहेज ना लेने ना देने का करो प्रण
दहेज में दिखे, नफरत के कण, बहु को समझो बेटी, ना हो घर में रण

48

"देश की खुद्दारी हो गयी हलाल"

FDI के भिष्मपिता, वॉल मार्ट को बुलाके, क्रांग्रस कर रही है गलती
स्वदेशी आन्दोलन की याद ज़रा भी होती, विदेशी माल की होली जलती

देश के आत्मसम्मान को हलाल करके, बुला रहे है, विदेशियों को घर में
गोरे आये थे व्यापार करने, देश के मालिक बन गये, चन्द दिनों में

एक ईस्ट इन्डिया कम्पनी ने, बनाये थे लाखो करोड़ो गुलाम
देश की प्रजा पे किये थे, निरमम अत्याचार, खूब मचा कोहराम

सीता ना लांघती लक्ष्मण रेखा, ना होता सीता का अपहरण
ना आती रावण के छल में, ना झेलना पड़ता अग्नी परिक्षण

वॉल मार्ट आ रहा है हाथ में लेके, अमेरिकी दो धारू कटार
परचुटन किराने के बनियो पर, करेगा पहले बज्र प्रहार

लाखों मुलाजीम व्यापारी, और कारखानें, बनेंगे FDI के शिकार
स्वदेशी माल सड़ेगा तहखानों में, विदेशी माल की होगी बौछार

रोजगार घटेगा, महंगाई बढ़ेगी, लाखो अनपढ़ होंगे बेकार
विदेशी माल खूब बिकेगा, स्वदेशी कारखानो का होगा बन्टाधार

CBI की चाबूक लगाके, मायावती–मुलायम को कर दिया ढेर

राज्य सभा में FDI को मंजुर कराके, बन गये कागजी शेर

हो रहा घोर विरोध और भारत बन्द, फिर भी FDI पर फिदा
कांग्रेस और वॉल मार्ट बने अमीर, गरीब मरे भूख से, ना बचे जिन्दा

कांग्रस को, पूरे देश को बनाना है सन्घई, इसमें शक नही है कोई
देख के इनके राष्ट्र प्रेम को, इनसे बड़ा नही है, देश भक्त कोई

वॉल मार्ट में बिकेगी बापू की तस्वीरें,
और गरीबों का सस्ता कफन
कांग्रेस का FDI से हो गया लगन,
वॉल मार्ट की कब्र में, जनता होगी दफन

49

देश के संस्कार हो गये स्वाहा

दामिनी चली गयी छोड़ के सबको, छोड़ गयी पीछे हजारों सवाल
हर राज क्यों लुटती हज़ारों अभागिने, ढूंढो इसका निकाल

प्रशासन पुलिस कानून से, ज्यादा जबाब दार है, फिल्मी जगत
चलचित्रों ने बिछादी, समाज के संस्कारों पर, दूराचारी की परत

नगन्ता, अश्लीलता, बलात्कारों के दृश्यों के बिना, फिल्म है अधुरी
नारी के अर्धनग्न, यौवन के उभारों की दिखाके, भरी पापों की तिजोरी

टी.बी सीरियल, मैगज़ीन, अखबारों और विज्ञापनों ने,
नारी के यौवन को दूहा
समाज की आबो हवा हो गयी दुसित,
लोगों के संसकार, हो गया स्वाहा

कामुक, दो अरथी गानों से, मरदों के मनों के उठे, वासना की आँधी
नारी को तंग और आधे कपड़ो में दिखाके, लाज शर्म की सीमा लाँघी

जो परोसा गया समाज को, उसका असर होगा लोगों के मन में
सुरा, सुन्दरी, तामसी आहार, घर कर गया, युवाओं के दिल में

पैसे और शोहरत के आगे, नारी की लाज हया की, लगादी बोली
सेन्सर बोर्ड हो गया संवेदनहीन, नारी के गौरव से खेली होली

चित्र पट सिखाये दरिन्दों को, बलात्कार और यौण शेषण की कला
बेकाबू कामूक हबसी, नशें में खुद को डुबो के, बहु बेटियों की, बने बला

आलिंगन, चुम्बन के दृश्यों से,
युवा दिलो में कागुकता की लगे अंगार
आग को ठण्डी करे हैवान बन के,
चाकू की नोक पर जबरन करे यौन दुराचार

फिल्मों में नगन्ता, व्यभिचार, अश्लीलता का, समाज में पासा फैंका
कच्ची उमर के किशोरों में, प्रेम रोग की, आग लगाने का, लिया है ठेका

सिनेमा जगत में नजारों को देख के, बच्चे बन गये वयस्क
बाल अवस्था में, किशोरों के दिलो में दिखे, कामुकता की खुली झलक

फिल्म निर्माताओं निर्देशकों ने,
औरत को समझा बाजारु सस्ता सामान
परदे पर दिखे नारी के खुबसूरत जलवे,
नायिका में जब तक दिखे, यौवन का उफान

औरत को मिले पूरा सम्मान,
बहूत चखलिया नैनों से, नारी के यौवन का स्वाद
नारी की नगन्ता को रोको जल्दी,
ना होने दो लोगों की सोच और संस्कार बर्बाद

50

"नारायण संस्थान, सेवा का उथान"

नारायण सेवा संस्थान करे, अपंगो का उथान
पोलियोग्रस्त बच्चों का, करे निशुल्क निदान

डॉ. केलाश "मानव" ने कर दिया पूरा जीवन दान
संस्थान की, निशुल्क सेवा भाव, सबसे महान

उदयपुर में विराजमान, नारायण सेवा संस्थान
हजारों विकलांग, बच्चों के पांवो का किया कल्याण

सनातन संस्थान में पधारे, हिन्दु और मुसलमान
रात–दिन, सेवा भाव के छंद पढ़े, गीता और कूरान

झीलों की नगरी उदयपुर में, सेवा का बगान
देशवासी, संस्था की सेवा पे, करे गुमान

प्रधानमंत्री, राष्ट्रपती ने, सेवा सदन का किया सम्मान
पांवो की शल्य चिकित्सा का, संस्था को अद्भुद ज्ञान

संस्थान के, बगान को सींचा "मानव" बनके बागवान
न्योछावार करदी जिन्दगी, मानव और देश सेवा के नाम

नारायण सेवा संस्थान को, ईश्वर का वरदान

जो भी आया,गया ठीक होके, नारायण है मेहरबान

नारायण संस्थान, प्यार भाईचारे का, गुलिस्तान
मुरझाये फूल खिले चमन में, है खुशियों का उधान

नारायण संस्थान, सेवा का धाम, पुजे सारा हिन्दुस्तान
पांवो को मिले जीवनदान, दौड़े जैसे, ओल्मपिक पहलवान

सीमित साधनों से किया, आधुनिक, सेवाधाम का निरमाण
निस्वार्थ, परहितता के बदले, ना ले कोई लगान

शब्द कोश में शब्द नहीं है, कैसे करे बखान
नारायण सेवा संस्थान , दिखे साक्षात भगवान

तन मन धन से, नारायण संस्थान मे, दो योगदान
मानव सेवा, सबसे महान, सेवा भाव, संस्था का इमान

'जय नारायण सेवा संस्थान की'

51

"उत्तराखंड हो गया खंडित और दंडित"

फूलों की घाटी, थनी मौत की घाटी, छिन गयी, बुढापे की लाठी
ना बचा कोई, देने वाला माटी, लहूलूहान दिखे, धामो की काठी

बादलो के फटने से, जमी पे ना दिखे, जिन्दगी का छोर
कुदरत ने भगवान केदारनाथ से, कर लिया झोड़

जल–जले ने मन्दिर छोड़ के, सबको दिया तोड़
सैलाब ने, सड़कों, इमारतों को दिया झकझोर

केदार मन्दिर में, सलामत बचा, नांदिया और शिवलिंग
भोलेनाथ का मन्दिर चट्टान की तरह खड़ा रहा अडिग

भूगोल शास्त्री बताये, सब ढहगये, तास के पत्तो की तरह
मन्दिर का, बाल ना हुआ बाकां, करो इस्पे बैठ के जिरह

जवानों ने, जानों को बचाने में, लुटादी अपनी जान
प्राण हथेली पे रखके, रात–दिन भरी उड़ान

घायल बच्चों बुढ़ों को मौत के, मूंह से लाये निकाल
सेवा ने मानवसेवा, देशभक्ति की रची मिसाल

फौजियों ने छाती, कमर, कंधे, कर दिये, देश के नाम

रण–बांकुरे के जज्बो को, भारतवासी करे सलाम

बहादुरों ने देके शहादत, दिया, देशभक्ति का पैगाम
नेताओं ने झूठी वाह–वाही, लूटने का, किया काम

ना दिखे रातनीति पक्ष के, बहादुर सेनानी
घरों में बैठ के, निभा रहे थे, देश से यारानी

कहर ने, चारोधम में दिखाया, प्रलय और भुखमरी का नजारा
उत्तराखंड हो गया खंडित, भागिरथ को आना पड़गा दोबारा

विनाश की लीला में, लील होगया, जिने का सहारा,
ना मने तीज त्यौहारा
समय लगेगा, घावों को भरने में,
फिर बहेगी, शिव का जटा से अमृत की धारा

देव–भूमि में, प्रकृति से, ना करो खिलवाड़,
ना हो, पहाड़ो का उजाड़
ना भरो, विलासिता का कबाड़,
विकास के नाम पे, धामो का, ना करो श्रंगार

'जय चारो धाम की'

52

"इन्साफ का मन्दिर न्यायलय"

इन्साफ का मन्दिर, न्यायलय हो गया ढीला
ना लगी फांसी अफज़ल गुरुको, न्याय है लचिला

उचतम न्यायलय ने लगाये सालो साल, फांसी की सजा सुनाने में
सरकार कितने साल लगाये, अफज़ल को फांसी लटकाने में,

देश द्रोही लोकतन्त्र के मन्दिर पर, हमला कर देते मिन्टो में
मन्दिर के रक्षक, कानूनी प्रक्रिया पूरी ना कर सके, हजारो घन्टों में

फैसला आने में हो जाते बुढ़े वादी और फरियादी
मिले तारीख, हर तारीख पे, वकिलों की है चांदी

गरीब ना लड़ सके कुबेरे से, कानुनी लम्बी लड़ाई
अमीर, गवाहो को तोड़ के फरियादी पर करे चढ़ाई

सरकार, रसुखदार नामी हसतियों पर, बरते ढिलाई
न्यायलय ने, बड़े लोगों को सजाये मोत कभी ना सुनाई

देश द्रोहियों, आंतकियों के फैसले, आने में लग जाते बीस साल
गद्दार केदखानो में करे आराम, खाया देश का माल

राष्ट्र द्रोहियों, आंतकियों, निरमम हत्यारों को मिले कुकरमों का मजा

तीस दिनों में कानुनी प्रक्रिया पूरी करके, न्यायलय सुनाये फांसी की सजा

देख के इनकी कठोर सजा को, ना होगा कोई शातीर अपराधी
होगा कानून का खौफ दिलो में, ना दिखेगी जुर्म की आंधी

भ्रष्टाचारियों, काले बाजारियों, चोरों पर कानून इमानदारी से कसे शिकंजा
सत्यमेव विजेयता की प्रमाणिकता पर, ना कर सकेगा कोई कबजा

रखो दिलो में शुध आचार विचार, ना होगा अन्याय और व्यभिचार
सत्य की धारा फिर से बहेगी, राम राज्य का सपना होगा साकार

53

नारी की ममता का आँचल

कुदरत ने बकसे, इन्सानों को दो रुप
नर और नारी, सुन्दर और कुरुप

नारी की अद्भुद कोख से, जन्में लड़का लड़की
औरत वंश बढ़ाये, बेल है मानव उपज की

औरत है बीवी, मां, बहन, बेटी, भुआ, भतीजी, ताई, दादी और नानी
नारी ने जन्म दिया, राम, कृष्ण, पैगम्बर और क्राइस्ट जैसे ज्ञानी

नारी है ममता प्यार की मूरत, नारी का भाव है, सबसे खूबसूरत
नारी पूरी करे परिवार की ज़रुरत, नारी पर नर करे हुकूमत

मरदों ने औरत को ना समझा, नारी की खूबसूरती में उलझा
नारी पर पुरुषों का कब्जा, नर नारी का झगड़ा ना सुलझा

ज़माना लद गया, नारी घुटती थी, घुंघट और परदे में
नारी भी पढ़ लिख के, खड़ी हो गयी जिन्दगी के दंगल में

नारी की आजादी का, मरदो ने उठाया, नाजायज फायदा
चन्द सिक्कों के आगे, भूल गयी नारी, लाज शर्म का कायदा

नारी के अर्दनगन बदन के, इस्तिहारों से भरे पड़े है अखबार
औरतों के जिस्म के उभारों को, दिखाके चमकाये अपना व्यापार

लाज है औरत का गहना, नारी ने छोटे कपड़े बदन पर पहना
शोहरत बनी मिथ्या सपना, छेड़ छाड़ की रोज घटे घटना

धनाढ़य और शोहरत वाले भी, ना टोके बेटी बहू को
खुली छूट है इनको, कम से कम ढ़के अपने बदन को

शेहन्शा अकबर ने पहनाया था, अबला को घूँघट और बूरका
ना दिखेगा चाँद सा मुखड़ा, ना होगा दिल में व्यभीचार का खुड़का

रोको नारी का नगन्ता को, जल्दी से जल्दी ना हो जाये देर
जागो समाज के ठेकेदारों, अस्लील दिखावे को कर दो ढ़ेर

54

"विकलांगों का लुटेरा"

सलमान खुरसीद, छल कपट का पाजी कीड़ा,
केजरी वाल, देश का सच्चा, अनमोल हिरा,

सलमान ने लूटा, विकलांगों के हक का झकिरा,
केजरी के तन पर नही, छल कपट का लीरा

विकलांगों का अधिकार मारके, सलमान बने कपटी कुबेर
अन्धो की लाठी छीन के, खुद्दारी हो गयी इनकी ढेर

यतिमो का सहारा लूट के, हो गये हक भझी शेर,
नभ थल, भूगरभ में डाका डालके, अपंगो को किया ढेर,

विकलांगों का सहारा हड़प के, कर दिया भारत का नाम,
भारत रत्न से नवाजो इनको, किया देश भक्ति का काम,

असहायों के हक मारक सान्ड पर, जल्दी लगे लगाम,
खुन्खार जानवर को जकड़ो जल्दी, करदो खून्टो के नाम,

विकलांग कोस में इज़ाफा करके, किया पुन्य का काम,
इतिहास में ना मिले, इनसे उन्वे दानवीर का नाम,

अतीत के पन्नों में मिले, दानशिलता के कुछ प्रमाण,

कमाई का दसवां हिस्सा लाचार भी करते थे दान,

असहाय गये हक मांगने, हुआ अमानवीय व्यवहार,
पहले कुदरत ने मारा, किस के आगे हाथ फेलाये, ये लाचार

घुमाओ मूंह काला करके, जनता इनके कुकरमों पे थुके,
घिनोने काम को देख के इनके, सजा मिले इनको चुनके,

सड़क छाप आदमी लिखते है, राजा की तकदीर,
सम्पन्न लोग घरों में देखते है, चुनावों की तसवीर

बददुआ और आह से मज़बूत किले, हो जाते चकना चूर,
हो चुनाव जनता तोड़ दे, बड़ो बड़ो के घमन्ड और गरुर,

विकलांग सरकार ने विकलांगों के हक पे, डाका डाला,
लानत शब्द है छोटा, इन्होनें कर दिया देश का मूंह काला,

अपंग कोश की, छोटी रकम की, ना हमे दरकार,
घोटाला होता अरबो–खरबो का, तब करते इसपे विचार,

चोरी उपर से उपदेश, ना करना हो हलला, बदनाम हो देश,
चोरो को देलुटने का सन्देश, जिसकी लाठी उसकी भेंस,

जोर से झूठ बोलने से असत्य सत्य ना हो जावे,
एक झूठ के खातिर, मुंह से हजार, झूठ बुलबाऐ,

ये है फरजी कानून के ज्ञानी, अनाथो को लूटके बने दानी,
झूठे गवाह पेश करने में है शानी, गलत सबुतो में झलकेगी बेइमानी,

कानून मन्त्री ने काटे, कानून के विधान के, लम्बे हाथ,
आना तुम्हारे हाथ बचके जाना सलमान के हाथ

कफन साथ में लेके आना, होंगे दो दो हाथ
स्याही से नही, खून से लिखेंगे, रंगेंगे, खून से हाथ,

बोलता ये भाषा आम आदमी, हो जाता मिन्टों में चलान,
लोकतंत्र का गला घोटके, नही है इन्हे, कोई—मलान,

कानून मन्त्री ने देश के विधान का, नही किया सम्मान,
डौन माफियों की भाषा बोलके, भरी ऊँची उड़ान,

विधी विधान के, करण धारो ने, कतर दिये, कानून के कान
इन्साफ का मन्दिर न्यायलय कानून द्रोहियो का ले संज्ञान

''जय भारत माता की''

55

"CBI सरकारी तोते"

सरकारी पिंजरे में कैद है CBI तोते,
हुक्मरानो के चरणों में खाये, रात–दिन, गोते

आकाओ की, रटेली भाषाबोले, जागते सोते
जांच का गले काट दे, ये दुधारु दोधारु सरोते

विरोधियों पे, चाबुक चलाने के, मिले न्योते
जिन्दगी खत्म हो जाये,ज़ख्मो को धोते धोते

ज़मीर को, गीरवी रख के, मालिकों के, सपने सजोते
कानून को हाथ में लेके, शासको के, फरमान ढोते

ना होती CBI, सहयोगी पक्ष, ना कहे में होते
निषपक्ष होती CBI कोई कपट का, बीज ना बोते

CBI का, आंकलन और निरक्षण, निकले थोते
रपट की आत्मा घोटदे, ये रसूखवाले के पोते

ना काटते रपट का गला, न्याय के भगवान, नीप ना चुभोते
होते मां के सच्चे सपूत, लोगों का इमान ना हलाल होते

ना बिकते, ज़मीर और आत्मा, देश का हाल बुरा ना होते
होते, सच्चे देशभक्त, भारत की नैया, ना डुबोते

ना होते छल–कपट ना बढ़ती मंहगाई, भुख से ना होती मौते
ना होते, राष्ट्रधर्म से समझौते, ना कोई, CBI का दुखड़ा रोते

'जय भारत माता की'

56

"छल कपट के मसिहा"

गोटाला का देश, हो गया भारत, छल कपट में हो गया महारत
धोखाधड़ी पे, रोज छिड़े महाभारत, इमान के संग करे सरारत

घोटाले गफलों का, रचा इतिहास, बेइमानी उड़ाये, इमानदारी का उपहास
सच्चो के घरों में दिखे उपवास, दुनिया ना करे, भारत पे विश्वास

बेइमानों का, भारत बना निवास,हर माहकमे में भ्रष्टाचार का वास
पाप की कमाइ के हो गये दास, बिना रिशवत के ना जलने पाये लाश

अरबों–खरबों की करे तोड़पानी, भ्रष्टाचार, देशसेवा की निशानी
थानेदार चोरों की करे मेहमानी, डकेतो पे, कौन रखे निगरानी

नेताओं ने तोड़ दिया, तिजोरी का ताला,
अफसर, साहुकार, बन गये लाला
भारत के भाल को कर दिया काला,
भारत मां को उढ़ाया, कलंक का दुशाला

कराड़ो रुपयों का खा गये गाला, देश सेवा के नाम पे करे घोटाला
छीन लिया गरिबों का निवाला, देश के खजाने का निकल गया दिवाला

कर्णधारों ने किया कमाल, सोने की चिड़िया, होगयी कंगाल
दूराचारी, बनगये मालामाल, सच्चों के घरो में दिखे अकाल

देश की अमानत से किया खिलवाड़, भारत की आबरु हो गयी शर्मसार
इमानदारी के,बन्द हो गये किंवाड़, कपट के पैसों का खड़ा किया पहाड़

लागों ने, देशभक्ति से, करली राड, चोरी के धन का, भ्रा कबाड़
लेके, मानव–समाजसेवा की आड, पाप की कमाई का, चूसे हाड़

रोज सुने इमान बिकने के काण्ड, देश कानून से, बड़े ये सान्ड
नये गफलो में झलके भान्ड, सूनी हो गयी देशभक्तों की मांद

बिक गये, भारत के, राम और श्याम, रामायण और गीता, बिकी बेदाम
कलंकित होगये, देश के पावन धाम, सतियो का जोहर, हो गया निलाम

रिशी–मुनियों का देश, हो गया बदनाम, हीरशचन्द्र, बिक रहा लेके दाम
गद्दारों ने कर दिया काम तमाम, कर्णधारों पे लगा, लूटने का इल्ज़ाम

देशद्रोहियों को, छोटी पड़े जेल तिहाड़,
फांसी का फंदा करे, इनका सतकार
फिर ना पैदा हो जयचन्द गद्दार,
देशभक्त वीरों की, नसल करो तैयार

''जय भारत माता की''

57

"युद्ध के शोले"

पाकिस्तान, युध के शोले ना भड़का, जंग के अन्गारों को, ना दे तड़का
युध से लगे, मानवता को झटका अणु अस्त्रोका ना दे, भारत को भभका

अणूबमो का होगा, आदान प्रदान, करोड़ो लोगों की जायेगी जान
दोनो मुल्क बनेंगे, सम्सान, लोगो का उजड़ जायेगा जहान

अणूबमो के हमलो से, बिछेगी लाखों जाने,
बेमोत मारे जायेंगे शान्ति के परवाने
महरुम दिखेंगे, जिन्दगी के महखाने,
लाशों को ना गिन सकेगे, बड़े बड़े पैमाने

अंगहीन होके ढुडेंगे बहाने,
काश नीन्द से उठ जाते, सपने ना आते डराने
तस्सल्ली देके खुद को, याद करे अफसाने,
क्या हो गयी खता, हो गये बेगाने

इन्सानों के खुन से, भरेंगे पेमाने, खाक हो जायेंगे, खुशियों के महखाने
बेमौत मरेंगे, प्रेम दिवाने, लाशों से लबालब भरेंगं, मौत के तहखाने

धरती बनेगी, इन्सानो के बुचड़खाने,
आह चितकार के सुनेंगे तराने

ना बचेगी ज़ंमी, लाशों को दफनाने,
मौत आ गयी जल्दी, जिन्दगी को ले जाने

मरे हुये पाकिस्तान को हम क्यों मारे, मस्ज़िदो में फूटे बम के अंगारे
जम्मूहरियत, खड़ी एक किनारे, फोजियों के आगे लाचार दिखे ये बेचारे

पृथ्वीराज चौहान ने, मोहमद गोरी को बार बार दिया था जीवन दान
एक बार पकड़े गये चौहान, गोरी ने आंखे निकाल के कर दिया लहूलुहान

सुन के बरदाई के, दिशा दूरी का गान,
चौहान ने चला दिया, गोरी पे बाण
चौहान के तीर ने लेली गोरी की जान,
कवि चन्दर हो गये, देश पे कुरबान

भारत रिशी मुनियों का देश, मानवता को, ना पहुँचाये ठेस
उतेजना में, ना दिखलाये तेस, भारत भी है, अणू बमो से लेस

भारत ने जग को दिया शन्ति का सन्देश,
बापु ने पढ़ाया, भाई चारे का उपदेश
खूनखराबे से ना पुरा हो उपदेश,
धेर्य की गाथा सुनाये, युगपुरशों के अवशेष

युद्ध ना हिन्दुओं और मुसलमानो का इमान,
जंग का फतवा, ना पढ़े कुरान
गीता ने नही दिया यूद्ध का ज्ञान,
जंग की नसियत ना दे अल्लाह और भगवान

जय भारत माता की

58

"भगवा रंग आतंक के संग"

आतंक के रक्षको ने, हिन्दुओं के सर बांध दिया, आतंक का सेहरा
भगवा, BJP, RSS, चलाये, आतंकी शिवरा, है आतंक के मोहरा

BJP, RSS, दे हिन्दुओं को, आतंक की तालीम
भगवा रंग हो गया लाल, हिन्दू हो गये, आतंकी जालिम

हार गया देश, आतंक की लड़ाई, लेके हिन्दू आतंक का नाम
देश दुनिया में, भारत देश और हिन्दू, हो गये बदनाम

सिद्धे कहें, BJP, RSS, है देश द्रोही, द्रोहीयो कुनबा
भाला, लाठी, गोली, तलवार चलाने का, है इनको पुराना तजुरबा

वोटों की तुछ राजनीती के आगे, हार गये, आंतक की लड़ाई
हाफीज जैसे, खुन्खार आतंकियों पर, ना कर सकेंगे चढ़ाई

हिन्दु संघटनो पर लग गया आतंक का धब्बा
लोगों को सिखाये, शिवरों में आतंक का जज्बा

पाकिस्तान भी कहने लगा, हिन्दू आतंक पर जल्दी लगे लगाम
भारत, पाकिस्तान पर ना लगाये झुठे इलज़ाम, ना करो बदनाम

पाकिस्तान जायेगा दोड़ के UNO के द्वार

पाकिस्तान में लटकी है, हिन्दू आतंक की तलवार

खुन्कार आतंकियो को कहे साहिब, आत्म–सम्मान, हो गया गायब
पाकिस्तान को तोफा दिया नायब, ये सरकार का, खेल है अजायब

सिन्दे साहब के उद्गारों से, भारत हार गया, आतंक की लड़ाई
पाकिस्तान के आतंकी, डट कर करेंगे, भारत पर, आतंक की चढ़ाई

होगा जब भी आतंकी हमला, भगवा आतंक पर, इलजाम लग जाई
भारत के हिन्दुत्व पर, लग गया धब्बा, हो गयी खामोखां जग हंसाई

हिन्दू धरम की, लाज अलशाई, देश प्रेम के आगे हिन्दू निकले हरजाई
हिन्दू वोटो में ना दिखे सकलाई, वोटो की राजनीती ने किया, धरासाई

करोड़ो हिन्दू सरकार से नाराज, जड़ दिया माथे पर आतंक का ताज
हिन्दुओं पर गिरी, आतंक की गाज, डुब गया, जिन्दगी का जहाज

गुनाह ले लिया, देश के सर, आतंक के आकाओं, को कहे सर
काटेंगे हिन्दू आतंकियों के पर, आप उडो निडर होकर

पाकिस्तान देश के, आतंकियों की पसन्द, है सिन्दे साहाब
कर दिया इनको बाइजत बरी, नही है, सिन्दे साहब का जबाब

प्रतिशोध में, दस बीस हिन्दुओं पर लगा, आतंकी हमलो का धब्बा
मुठी भर लोगों के पापों से, केसे हो गये हिन्दू, भगवा आतंक का कुनबा

सरकार को लगे भगवा रंग से गहरा है हरा रंग
चुनावी मौसम में हरे रंगो से बजे, जीत का चंग

हार जाओ भले खुनी आतंकवाद की, जीती हुई जंग
चुनावों में बजे, जीत का संख, राजा बनना प्रसंग

हिन्दुओं को, भगवा आतंकवाद की उपमा अलंकार, देना पड़ेगा भारी
हिन्दुओं के मत पत्रों में, दिखेगी चिन्गारी, उतर जायेगी, सारी खुमारी

ना निकले सही ये आरोप, झेलना पड़ेगा, हिन्दुओं का प्रकोप
माफी या इस्तिफे से, हिन्दुओं पर लगे दाग, ना होंगे लोप

अल्पसंख्यको को, खुश रखने की, रची ये कहानी
मुसलमानो का वोट मिलता रहे, करे देश पे, हूक्मरानी

मुम्बई में हुऐ, ज्यादा से ज्यादा आतंकी हमले,
ना था ये, हिन्दुओं के काम
ना था इसमें, भगवे रंग का नाम,
सिमी और पाकिस्तानियों पर लगा इलज़ाम

केशरिया रंग, हिन्दुओं को अरमान, बसन्ती रंग, शुभ प्रसंग की
पहचान रणबांकुरे, पहने, केशरिया परिधान, गुलाबी रंग में हिन्दुओं की जान

भगवा रंग ने, मुगलो और गोरे से, जंगे मैदान में लड़ी लड़ाई
शीश कटाके, केशरिया रंग ने, भारत मां को, माला पहनाई

दोनों हाथों में तलवार, बिना ढाल के, दुश्मनो को धुल चटाई
भगवा रंग ने, जितायी 65 और 71 की लड़ाई, इतिहास है गवाही

हिन्दू नारियों ने, सतीत्व के खातिर, कर दिया जीवन, आग के हवाले
ना लूट सके, पर पुरुष, नारी की अस्मत, ओढ लिये, मोत के दुसाले

तिरंगे में, सबसे उपर भगवा रंग, केशरिया रंग, हिन्दुओं के संग
बसन्ती चोला पहन के, लड़ी मुगलों से जंग, फिरंगियों को, किया अपंग

तिरंगे के लिये, लाखों हिन्दंओं ने दी जान माल की बली
बदनाम ना करो भगवा रंग से, आज़ादी की, कली खीली

केशरीया रंग ने, दिये गांधी, सुभाष, नेहरु जैसे, युग पुरुष महान
सरदार पटेल, तिलक, भगतसिंग, हो गये देश पर कुरबान

भगवा रंग से, भगवान कृष्ण ने, खेली प्रेम की होली
रणबांकुरे, जंग को कूच करे, लगाके माथे पे, केशरिया रोली

हुक्कमरान दिखाये लोगो को, भगवा आतंक का, प्रमाण
हो सही, हिन्दू आतंकियों का काल कोठरियों मे हो सम्मान

ना फिर हो कभी, देश के अमन–चैन का कत्लेआम
देश द्रोहियो को फांसी लगे, सड़को पर सरे आम

आतंक से धरती हो जाये लहूलुहान,
निरदोशो के, उजड़ जाये गुलिस्तान
प्रेम और भाईचारे से होगा, दुनिया का कल्याण,
लोगों के प्राणों का करो सम्मान

मजहब ना दे आतंक की नसियत,
किसी धर्म ने ना लिखी, आतंक की वसीयत
खूनखराबा करे, इन्सानियत की फजियत,
नष्ट हो जाये जम्हुरियत

आतंक, ना हिन्दुओं और मुसलमानों का इमान,
आतंक का फतवा ना पढ़े कुरान
गिता ने नही दिया, आतंक का ज्ञान,
आतंक की नसियत, ना दे अल्लाह और भगवान

आतंक का नही कोई मजहब और इमान, ये खून खराबा ना करे इन्सान
इंसानो का कत्लेआम करे हैवान,सदबुद्धी दे इनको, अल्लाह और भगवान

59

भारत मां की व्यथा, उदगार और हुन्कार

खून से लथपथ, भारत मां की लाश पड़ी है, बापु के राज घाट के द्वार,
मां के कपूत बेटों ने, धांके से पीठ मे घोपे है, खन्जर और कटार।

शमशान भुमी तक अतिशीघ्र उठाये,
मेरी अरथी को देश भक्त कहार,
अन्यथा ये पापी मेरे बेजान जिस्म का मोल भाव करेंगे,
करके सोलह सिन्गार।

मेरी अरथी को पापी बेइमान ना दे कन्धा,
देशवासी करे मेरा आखरी दिदार,
देश की आन बान और शान पर जो मिट गये,
उनका मुझपर है बड़ा आभार।

ना रोये, ना बहे आसु,
मेरा मंदिर और समाधी बनाने का ना करे कोई प्रचार,
पाठशालाओं मे अनिवार्य हो विषय देश प्रेम का,
हर बालक होगा भगतसिंग सरदार।

राना प्रताप, शिवाजी, झाँसी की रानी,
सुभाष और गाँधी जैसे, देश भक्तों की होगी भरमार,
राष्ट्र प्रेमियों के घर में, दुराचारी ना करे उत्पात,

खुन्कार दरिन्दे भी भागे सुनके वीरो की ललकार।

मां तेरे जखमों को देख के, प्रजा को दुख है अपार,
पापों का खात्मा ही है इसका उपचार,
देश प्रेमी जनता मां से करे फरियाद,
आके देखले ना बचा है एक भी गदार।

देश वासी भारत मां के चरणों में गिरके, जगत जननी की करे मनुहार,
अब लौट चलो, प्रजा करे गुहार, हाथों में तिरंगा लेके करेंगे सत्कार।

मां का हुआ आगमन वन्दे मातरम के नारो से,
मां की हुई जय जयकार,
देश की प्रजा कहे मां से, अब ना जाना छोड़ के,
मां बिना सूना है घर संसार

भूले ना कोई धरती मां का परोपकार, जन्म से मरन तक है तेरा उधार,
मिले तेरी कोख से, अन्न पानी और रोजगार,
दो गज ज़मीन मिले, संभाले चिता की राख का भार।

अन्ना और बाबा रामदेव करे, देश की जनता से पुकार,
आगे बढ़ो काला धन और भ्रष्टाचार के खिलाफ भरो हुन्कार।

वादे से मुकर गयी, थूक के चाट गयी, सन्सद और सरकार,
कोई राजनीती दल चाहता नही, लोकपाल करे इनके पापो पर प्रहार।

राम लीला मैदान पर मध्य रात्रि में,
सोई हुई अबलाओं पर हुई डंडो की बौछार,
सत्या ग्रही बाला बेटी, काला धन से लड़ते लड़ते,
हुआ शहिदों से सरोकार।

राम गये बनवास, भरत न बैठे राजगदी पे,

राम की खड़ाओ ने सम्भाला राज दरबार,
राम राज्य मे लोकतंत्र का था आधार,
राम ने सीता त्यागी, सुन धोबी के उदगार।

भारत देश था ऋषी मुनियों का, थी सोने की चिड़िया, ऐसा कहे इतिहासकार,
बहती थी दूध की नदिया, सोना, चाँदी, हिरा पन्नो सा, भरे थे भन्डार।

पहले घरों में लगते नही थे ताले, प्रेम रस करे बोछार,
मन थे निरमल, हो जैसे गंगा का पानी, दिलो मे नही थे बुरे विचार।

तोड़ते तोडते भारत मां की बेडिया,
मां के सपूतों ने किया आखरी नम्स्कार,
हंसते–हंसते चढ़ गये फांसी,
जाते जाते कह गये, शीश कटे तेरे चरनो मे बारम्बार।

जब जब भारत मां की आबरु हुई शर्मशार,
लेखकों ने निकाली म्यान से, कलम रुपी तलवार,
निप की नोक की स्याही से, दोशियों पर किये प्रहार,
चन्दर वरदाई जैसे कवी देश पर हो गये निसार।

पहले मुगलों ने लुटा फिर हाथ साफ किया, –अंग्रजी सरकार,
कुचरन जो बची मिल बान्ट के खा गये, नेता, अफसर और साहुकार।

शहिदों की चिताओं की लपटों को किया कलन्कित, करो इनको धिक्कार,
मोहल्ले–महकमें नेता अफसर, डुब गये गरत में, चढ़े है रंगे भष्टाचार।

लोक तंत्र के मन्दिर में घुस गये है, कुछ भक्त भेडिये खुन्खार,
धरम है इनका काला बाजारी, अत्याचार, बलात्कार और भ्रष्टाचार।

इन भ्रष्ट और दुराचारी सांसदो ने, भारत भुमी का
किया है तिरस्कार, जो ना सुने जनता के उद्‌गार,

उसे वापिस बुलाने का, मतदाता का हो अधिकार।

रिशवत खोरो ने देश का काला किया ललाट,
मां की लाज बिकी सरे बाज़ार
अरबों खरबों के हुए घोटाले, द्रोपदी का चीरहरन
ना रोक सके, भीष्म पिता थे लाचार।

इस लाचारी में डुब गयी, भारत की नैया,
बीच मझधार कौन बने पतवार,
सभी दलो की पतवारो में है पेवन्द, कपटी केवटों के भरोसे ना लगे भरत की नैया पार।

बिना खिलाये रिशवत, मृत्यु श्य्या पर लेटे
इन्सान का ना हो अंतिम संसकार,
बिना दक्षिणा के ना काम हो कोई,
अधिकारी समझे यह है इनका जन्मसिद्ध अधिकार।

बिना घूस के काम ना हो कोई समय पर, दफतरों के चक्कर लगे हजार,
समय सीमा मे ना हो काम अपका, अधिकारी हो दण्ड के भागीदार।

सरकारी खजाने के तहखानो में हो गये शराक,
मोटा हिस्सा कर आय का गबन करे ठेकेदारे,
हो जाते है जब खज़ानों खाली,
प्रशासन पर लगे खर्चा, नये करो की पड़े दरकार।

गरीबों की टूटे कमर नये करो से,
मिलती थी जो रुखी–सूखी, वो भी हो गयी फरार,
भ्रष्टाचार है अभीशाप, इससे उपजे काला धन,
गुन्डाई, महंगाई और दूराचार।

रिश्वत और कर चोरी के माल को कहे काला धन,

ना रखे काले नाग को घर में हो भले कम समझदार,
काला धन वालो की बढ़े गरीबो की
घटे क्रय शक्ति, काले पैसो से चढ़े बाजार।

लूट का माल लगे ठिकाने, काले पैसो से खरीदे माल, दे के दो चार
चार रुपिया हो गया दो के बराबर, इसे कहते है, महंगाई की महामार

बड़े घराने खरीदे मन्डी को, बना रहे आभाव,
फसल कम हुई ऐसा करे प्रचार,
माल खरीदा है महंगे मे, यह है आज के भाव,
कल और चढ़ेगा बाजार।

एक बार जब चढ़ जाते है दाम, भले सड़ जाये माल,
भाव घटाने को ना हो तैयार,
बनी रहे केगजी तेजी, धन्दा अनाज का नही,
तेजी मन्दी के सटे का करे व्यापार।

रोटी कपड़ा मकान के दामों ने, पुरे देश में बचा रखी है हाहाकार,
अनाज काजू के भाव, वस्त्रों के रेशम के दाम,
घरों मे खड़ी है चाँदी की दिवार।

गरीबी की क्या दे मिसाल, झुठे डोने चाटने को है लाचार,
अनाज का भूस्सा खाके, पेट मे लगी आग का, करे उपचार।

बिक रही है बेटियां मन्डी में मानव अंगो का लगा है बाजार,
जर जर बीमार बदन का खून बेच के, जिन्दगी और मौत का करे व्यापार

मटी के बेटे, कर्ज के भार से दबे जमी में,
अनदाता खड़े है मौत के कगार
पशुओं और इन्सानो की भूख मिटाने वाले,
हो गये है सूत खोरो के शिकार।

खेल कूद पढ़ाई छोड़ के,
बच्चे तपते कल कारखानो में संभाले मशिनों का भार,
अमीरों के बच्चे पढ़े कोनवेन्ट स्कूलों में,
गरीब पढ़े खलियानों में, जिसके न छत है न दिवार।

देश बंट गया है दो खेमों मे, कुबेर है मुठी भर,
कंगालो की लगी है लम्बी कतार,
गरीबों के झोपड़े तुड़वाके,
धन्ना सेठ उसपे चिनवाये उच्चे महल, जैसे हो कुतुबमीनार।

ब्रम्ह अस्त्र है सी बी आई, सबसे बड़ा हथियार,
जिसका ना चुके प्रहार
कदावर नेता ने कहा था, ना भुले कोई,
सी. बी. आई. का संचालन करे, हो जिसकी सरकार।

सभी दलो के नेता उपनेता, सरकार की रात दिन, करे मान मनवार,
जिन पे है मुकदम्मे आय से अधिक सम्पति का,
सी. बी. आई. बनी रहे, इनपे उदार।

सी. बी. आई. अधिन हो राष्ट्रपति के, चूनाव आयोग जैसे हो इनके अधिकार,
बिना दबाव के निशपक्ष करे जाँच पड़ताल, विधिवत हो इनका व्यवहार।

मां बहनों ने लूटाये है, जिगर के टुकड़े देश की आनपर,
ललनाये भी लड़ी है हाथ में लेके तलवार,
यह विरोध अपनो से है, अभद्र भाषा
और हथियारो से ना हो पलटवार

विरोध करो डट के, अनशन और सत्याग्रह के जरिये,
भष्ट्राचार का करो बहिश्कार,
देश के करनधार जब ना सुने जनता की आवाज,

जब हो चुनाव पलट दो सरकार।

विधिवत बने जबजन लोकपाल, इसके दायरे में
हवालदार से प्रधान मंत्री तक होंगे सुमार,
इसका संचालन करेंगे, सेवा भावी देश भक्त,
होंगे भारत के मान इमान के पहरे दार।

डकेतो से लूट का माल मांगे, जनता दरबार,
इनका कालकोठरियों में हो सतकार,
देख के इनकी कड़ी सजा को, दुश्साहस ना करे कोई,
फिर से ना पैदा हो जयचन्द जैसे गद्दार।

जब ना होगी काला बजारी और भ्रष्ट्रचार,
खजाना घरों में होगी, रुपयों की बौछार,
घटेंगे कर और महंगाई दर, रोजगार बढ़ेंगे, रोटी कपड़ा मकान के
सपने होंगे साकार।

60

"तिरंगे की व्यथा और हून्कार"

शहीदों के बलिदानों से, तिरंगा लहराये,
शीश काटके, मां के चरणों में चढ़ाये
शहादतो से, देश के विधान बन पाये,
प्राणों की आहूती देके, मां का दूध ना लजाये

तिरंगा कहे सुनो मेरी आत्मकथा, दर्दनाक थी, भारत मां की व्यथा
भारत पर थी विदेशियों की सत्ता, मुझ पर जो मरे, ना पुछे उनका कोई पता

हमलावर थे, सातिर जालिम जल्लाद,
सोने की चिड़िया लूट के भी, ना पूरी हुई मुराद
खून खोल उढ़े, करके अत्याचारों की याद,
देश मुक्त हुआ लाखों कुरबानियों के बाद

विदेशियों ने प्रजा पर ढाये जुल्मो सितम,
हेवानों ने सुनाये, करुणा रशके गीतम
विरों को था, देश गुलामी का गम,
सपूतों को मातृभूमी थी, प्राणों से प्रियतम

मक्कारों, ने ललनाओं की, अस्मत से खेला,
कपटियों के, भाव और मन थे मैला
प्रजा ने, दुष्टों के कहर को झेला,

गधा मजूरी करके ना मिलता था धेला

प्रताप–शिवा ने सुनाई, वीर रश की धुन, देश पे न्योछार किया,
तन और मन लक्ष्मीबाई, देश की आज़ादी में होगयी मगन,
विरान्गनाएं लड़ी ओढ़ के मौत का कफन

मंगल पांडे था, आज़ादी का निडर परिदां,
सुभाष लड़ा मिलाके कंधे से कंधा
चन्द्रशेखर था, मां का सच्चा बन्दा,
भगतसिंह ने चुमा फांसी का फन्दा

कुरबानियों से हटेगा, गुलामी का फन्दा,
सुभाषचन्द्र ने मांगा, देशवासियों से खून का चन्दा
लहू के बदले आज़ादी, पढ़ा वीरता का छन्दा,
मातृभूमी पे मरने वाला, देश का सच्चा बन्दा

गाँधी ने दिया अहिंसा का दुनिया को पेगाम,
बापू चढ़ गये बली, जपते जपते राम
नेहरु, पटेल ने करी जिन्दगी, देश के नाम,
सपूतों ने वन्दे–मातरम का पीया जाम

देश भक्तों ने चुडियां ना पहनी थी काँच की,
वतन के लिये, बाजी लगाई जान की
गाजे बाजे से उठी शहीदों की पालकी,
लड़ी लड़ाई, देश की आन बान की और शान की

मां बहनों ने, जिगर के टुकड़े लुटाये, बेटियों के छिन गये सुहाग के साये
घरों में भुखमरी के बादल मंडराये, पिता जवान बेटों की चिता जलाये

विरान्गनाओं ने जंग में हाथ दिखाये, दुष्मनों को छटी का दूध याद दिलाये
सतीत्व को हाथ नालगा सके पराये, आग में कूद गयी, देश की ललनायें

आजादी का, सपूतों ने भुगता खामियाजा,
घरों मे इनके, खुशियों का ना बजा बाजा
देशभक्तो का ना निकले जनाजा,
उढ़े बेंकुढ़ी वीर रत्न से, गये नवाजा

खूने जिगर से लगाई मुक्ति की मोहर, देखा आज़ादी का सपना मनोहर
चिताओं में झलके देशभक्तों का जोहर, शहीदों की समाधियां, देश की धरोहर

ना भूलो रण बांकुरो की सहादत, लुटादी वतन पे, सारी अमानत
दुश्मनों पे टूटे, बनके कयामत, प्राणों से की, देश की हिफाज़त

तिरंगा कहे जनता से, में कैसे लहराऊं, लाज के मारे कुछ ना कह पाऊं
हाकिम, हफसर, साहुकार बन गये ताऊ, ईमान बेच के बने कमाऊ

नष्ट हो गयी देश भक्तों की नसल, किया मेरी आत्मा का कत्ल
पैसे के आगे, भ्रष्ट हो गयी अक्ल, अंग्रेजी चाल ढाल की, करे नकल

मेरे आंचल पे लिखी, कपत की गज़ल, पाप की कमाई की, बोई फसल
योण शोषण देख के, गयी दहल, तितलियों का उड़ना, ना रहा सहल

गरीबी, भूखमरी, बढ़ी प्रबल, रसूखवालों का, राज में दखल
ईमानदारों की, ना दिखे शक्ल, बईमानी में भारत आया अबल

देशवासियों, अब भी जाओ सम्भल, मातृभूमी की सेवा, सबसे सफल
देश प्रेम की दिखे चहल पहल, तिरंगे को बेच के, ना खड़ा करो महल

मुझे दिख रही देश द्रोहियों की करतूता, कुकर्मों से दुनिया में हो गयी फजिता
मज़हब के नाम पे, लोगों में बढ़ गयी कटुता, मातायें ना जन रही बेटे सपूता

मुझे दुख है मेरे अपनों ने लूटा, लग गया दाग हो गयी कलुटा
मेरे चाहने वालों का वादा था झूठा, मेरी लाज हया का उढ़ा गया घुंघटा

मेरी आस्था पे रोपा पाप का खूंटा, मेने सपने सजाये थे अनुढ़ा
अमीरों के आगे गरीबों का भाग्य रुठा, सूदखोंरो के जुल्मों से किसान टूटा

सुनो मेरी व्यथा, मेरी हुन्कारों में
देश प्रेम का विषय अनिवार्य हो शिक्षा के गलियारों में
लाखों भगत सिंह दिखेंगे, खड़े कतारों में,
पाबन्द ना लगेंगे, राष्ट्र–धर्म की पतवारों में

चीर हरण ना होगा रात के अंधियारों में,
सम्पन्ता ना कैद होगी, मुठ्ठीभर पिटारों में
भ्रष्टाचार ना दिखेगा, सत्ता की दीवारो में,
सर्व–धर्म सदभाव होगा,लोगों के विचारों में

बेटियां ना बिकेंगी जिस्म के बाज़ारों में,
कपट का जाल ना बुनेंगे, जुल्म के चुबारों में
मुस्कान दिखेगी, बच्चों की किलकारों में,
देश–प्रेम के सुमन खिलेंगे, गुलजारों में

वीर रस की धार होगी कटारों में, देश प्रेम की लो झलकेगी, अंगारों में
भेदभाव ना होगा, झोपड़ों और मिनारों में, भारत देश होगा, हजारों में

61

गणतन्त्र दिवस, गोरव का मेला

गणतन्त्र दिवस, २६ जनवरी को मनाये गर्व से हम सभी
आज़ाद भारत का विधान लागू हुआ, ना भूलो इसकी अहमियत कभी

तोड़ते तोड़ते भारत मां की बेटियां,
मां के सपूतों ने किया आखरी नमस्कार
हँसते हँसते चढ़ गये फांसी, जाते जाते कह गये,
शीश कटे तेरे चरणों में बारमबार

प्राणों की आहूती देके, शहिदों ने तोड़ी, गुलामी की जन्जीरें
बाबा आम्बेडकर ने लिखी, देश के भाग्य की लकीरें

बिना तोप तलवार के, गाँधी बापू ने खोली देश गुलामी की गाँठ
लोह पुरुष सरदार पटेल ने, छिन लिये, राजा रजवाड़ो के ठाठ

देश का, देशवासियों पर लागू हुआ, भारत का संविधान
गोरों के काले कानून हुये दफन, प्रजातन्त्र का दिखा प्रमाण

गणतन्त्र के लिये, भारत मां ने झेली यातनायें, सात सो साल
आज के दिन, देशवासियों ने देश के कानून की जलायी मशाल

मां बहनों ने जिगर के टुकड़ों को, करके न्यौछार
फिरंगियों से छीना, देश का राज चलाने का अधिकार

संविधान, भारत माता और तिरंगे को करो, निष्ठा से सलाम
शहीदों को करो प्रणाम, प्राणों को लूटाके जिन्दगी करदी देश के नाम

बड़े संघर्ष और कुरबानियों से मिला, देश का खुद का संविधान
देश के जाबाजों के, राष्ट्रप्रेम के जज्बों से, लिखा गया भारत का विधान

तन, मन और प्राण से, गणतन्त्र दिवस का, करो सम्मान
लाखों शहीदों की आहूती से, मिली स्वतन्त्र भारत की कमना

शहीदों की चिताओं में जल रही है, राष्ट्रप्रेम की मशाल
देश भक्त पैदा होते है, मातृभूमी पर मरने को ना करना मलाल

देश प्रदेश को चलाने का, संविधान ने, प्रजा को दिया अधिकार
देश वासी बदल दे, संविधान की लकीरें, जब लगे दरकार

ना हिलने दे प्रजातंत्र की बुनियाद, संविधान सुने फरीयाद
मौका मिले अपना पक्ष रखने को, हो भले बड़ा, जालीम जलाद

प्रजातन्त्र में जनता जनारदन से, बड़ा नही है कोई
प्रजा बनाये, जिसको चाहे, राजा, प्रजा से पंगा, ना ले कोई

प्रधानमंत्री, मुख्य मंत्री, राष्ट्रपती, ये सब है जनता के मुलाजिम
देशवासी है इनके मालिक, मतपत्रों से बनाये इनको, देश के हाकिम

प्रजा भरोसा करके इनमें, पांच साल के पटे का, करे करार
ना उतरे खरे, जनता दुबरा ना पहनाये, रात तिलक का हार

शासकों और प्रजा की, संज्ञान लेने का, संविधान को मिला अधिकार
देश का संविधान, हर महकमें, के विवादों का करे निपटार

भारत का संविधान भरा है, सत्यमेव विजेयते के उद्‌गारों से
समाज वाद, मानव वाद के छंद मिले, संविधान के गलियारों से

संविधान ने नवाजे, देशवासियों को पांच मौलिक अस्त्र
ये है अजय शस्त्र, ना कर सके कोई, इन्हें धवस्त

इंसाफ के मंदिर में बैठा है संविधान, बनके भगवान
कानून से बड़ा नहीं इंसान, ना टाल सके, संविधान का फरमान

सदियों तक जकड़ी रही बेड़ियों में भारत माता
जन गणतंत्र ये सब, भारत के भाग्य विधाता

शहिदों की आत्मा पूछे जनता से, क्यों झुक गया नीचे, भारत का भाल
लोगों की बिक गयी आत्मा, हो गयी हैवान, देश का गौरव हो गया हलाल

जगाओ देशभक्ति, बदलो अपने सोच, संस्कार, अंहकार, आचार, विचार
असत्य, अहिंसा, दूराचारी, नगन्ता, नफरत को दो तिलांजली, करो तिरस्कार

देश हित, मानव सेवा, ईमानदारी की लोगों के दिलों में दिखे ज्वाला
देशवासियों को मिले रोटी, कपड़ा, मकान, हर घर में दिखे उजाला

वन्दे मातरम

62

"पन्द्रह अगस्त, शहीदों के नाम"

शहीदों को नमन करके तिरंगा फहराओ,
सपूतों की समाध्यिों पे, फूल चढ़ाओ
देश–भक्तों के बलिदानों पे, दो आंसू बहाओ,
प्राण लुटाने वालों का आभार मनाओ

शहीदों की मांओ के चरणों में, शीश नमाओ,
वीरों की गोरव गाथा के गीत गुनगुनाओ
आज़ादी के परवानो के, किस्से सुनाओ,
शहीदों की चीता राख को माथे पे लगाओ

जोश खरोश से आज़ादी का पर्व मनाओ, मिल–जुल के खुब नाचो गाओ
घरों में गोरव के दिये जलाओ, आकाश में भारत का तिरंगा लहराओ

छल–कपट की फसल ना उगाओ,
मंहगाई बढ़ाके गरीबों को ना रुलाओ
संस्कारों को देश हित के, वस्त्र पहनाओ,
मां–बहन बेटी की लाज ना लजाओ

राजा, मंत्री, सेवक, राष्ट्र धर्म निभाओ,
चोरी करके देश का धन ना चटकाओ
देश और मानव सेवा का पाठ पढ़ाओ,

सैनिको की शहादत पे दो आंसू छलकाओ

कमजोरो को गले लगाओ, झुठे नारों से
ना बरगलाओ, गरीबों के झोपड़े ना तुड़वाओ
दिलों में मन्दिर मस्जिद चिनवाओ,
ईद–दिवाली क्रिसमस मिलके मनाओ

प्रेम–भाव और भाई चारे की, बारात सजाओ,
जात–पात, ऊँच–नींच पे ना लड़ाओ
मजहब के नाम पे लाशे ना बिछाओ,
मिल–जुल के भारत की नैया पार लगाओ

शहीदों की आत्माओं को ठेस ना पहुंचाओ,
तिरंगे की गरीमा पे कालख ना पुतवाओ
देश को बेच के महल ना चिनवाओ,
देश–भक्तों की आस्था का, श्राध ना निकलवाओ

शालाओं में देश–सेवा का पाठ अनिवार्य कराओ,
देश–भक्तों की, कतार लगाओ
मक्कारों को, हाशिये पे बैठाओ,
रोटी, कपड़ा, मकान के सपने साकार कराओ

देश–भक्तों की घरों में तस्वीर लगाओ,
युग पुरुषों के उदगारों को अपनाओ
बुध, नानक, के भावों को बट्टा ना लगाओ,
सुभाष, बापू के बलिदान पे ना पानी फिराओ

चीन, पाक से दोस्ताना रिश्ते निभाओ,
करे खुरापात ना ज्यादा लाड लडाओ
दुश्मन को दुस्साहस का सबक सिखाओ,
हमलावरो की, ईंट से ईंट बजाओ

आतंकियों और नक्सलियों को, औकात दिखाओ,
उग्रवादियों पे, लगाम लगाओ
यौन–दुराचारियों को फांसी लटकाओ,
रिश्वत खोरों से जेल में चक्की पिसवाओ

काला–बज़ारी करचोरी को दफनाओ,
भ्रष्ट्रचार, आतंकवाद को, दूर भगाओ
शान्ति का, परचम लहराओ, भारत के भाल को
देश प्रेम का तिलक लगओ

शहीदों की, शहादत को सलाम

63

"मतदाता देश का भग्य विधाता"

चुनावों में, सत्य की राह पे चलना है, कर्तव्यनिष्ट, सपूतों को चुनना है
ऊँच–नींच, जात–पक्ष को भूलना है, देश के दासों को लोक मन्दिर पहुंचना है

देश की तकदीर बदलनी है, राष्ट्र भक्ति की आग उगलनी है
गद्दारो से, लड़ाई लड़नी है, चोरों की, चोरी पकड़नी है

भारत की तसवीर, सवरनी है, ईमानदारी की नीवं, रखनी है
मक्कारों की सरकार, उखड़नी है, बेईमानों को हथकड़ियां जड़नी है

भ्रष्टाचार, दूराचार की जननी है,
काला धन, महंगाई, भुख को कुचलनी है
कालाबाज़ारियों की नकेल कसनी है,
घूसखोरों के मुँह पे, कालिख पोतनी है

किसानों को सूदखोरों से छुड़ाना है,
अन्नदाताओं को आत्महत्या से बचाना है
गरीबों को रोटी कपड़ा घर मुहैया कराना है,
झोपड़ियों पे, महल ना चिनवाना है

मज़दूरों को, मेहनत का हक दिलाना है,
अमीरी गरीबी को, सिमटाना है

देश की तिजोरी पे पहरे दार बिठाना है,
बिचोलियों को दूर भगाना है

कर चोरों के घरबार बिकवाना है,
बलात्कारियों को सरेआम फांसी पे लटकाना है
भ्रूण हत्यारों को, जीव धर्म सिखाना है,
मज़हबी सान्डो को, मानव प्रेम पढ़ाना है

आतंकियों, नक्सलियों को औकात दिखानी है,
दुश्मनों की ईंट से ईंट बजानी है
देश की सेना को, आधुनिक बनानी है,
शहीदों के बलिदानों की, कीमत चुकानी है

खलियानों और कारखानों में, क्रांतिलानी है,
उत्पादन बढ़ाके, देश की दरिद्री मिटानी है
दहेज, बाल मजदुरी, पर रोक लगानी है,
देश को साक्षर बनाके छलांग लगानी है

देश–प्रेम में, निष्फल मर जाना है,
नानक, बुध, महावीर के उदगारों को अपनाना है
प्रताप, शिवाजी के सपनों को, साकार कराना है,
भारत को फिर से सोने की चिड़िया कहलाना है

कृष्ण के कर्म–मन्त्र, राम की मर्यादा को, दोहराना है,
गांधी की अहिंसा को, अपनाना है
हरिशचन्द्र सी कर्तव्य भावना को निभानी है,
भगतसिंग जैसी राष्ट्र भावना दिखानी है

नगन्ता नशे पे बिजली गिरानी है,
कानून से बड़ा नही कोई, समझानी है

भाई–भतिजा, वंसवाद से देश को नुकसानी है,
सच्चों को देश की कमान थमानी है

मतदाताओं को मत और देश धर्म निभाना है,
राजा को राजधर्म पे न्योछार हो जाना है
दुनिया में भारत का परचम लहराना है,
भारत के भाल को गौरव का तिलक लगाना है

"जय भारत माता की"

64

"चीन है चांई, निकला हरजाई"

लदाख, सीयाचीन, सिकीम, है
भारत की आन का अंगना, चाहे इसे हड़पना
पांच दशक पुरानी, करे कल्पना, भारत को ना समझे,
पहने है हाथों में कंगना

चीन है चांई, निकला हरजाई, किया हमला,
कहके हिन्दी चीनी भाई भाई
समूद्र में जगह जगह बारुदी सुरंगे बिछाइ
खूब चली चतुराई

चोरी और सीनाजोरी की, करे अगुवाई,
भारत भूमी पर चोकिया चिनवाई
चीन गया बोखलाई, ये सुध ना आई,
ना समझे, यह होगी, बासट की लड़ाई

चीन दिखा रहा अपनी जात, भूल गया, भारत की औकात
चार–फूटी चीने, अफीमची पात, करले भारत से दो दो हाथ

भारत का एक जवान चार पर भारी,
भारत ने कर रखी है, लड़ने की तैयारी

ना करना दुस्साहस, करे भारत पे बमबारी,
ना दिखा, जंगी नोकाओं की होशियारी

चीन, खोकला थोथा चना, बाजे घना, झुटी, हैकडी पे ठना
सीमा को लान्घे, करने पे मना, जंगी झकिरों पे तना

बार बार, भारत को ना ललकार, सुनले भारत के बदला लेने को वीरों
की दहाड़ होगा युद्ध तो होगी करारी हार, भारत बासट का लेने को तैयार

उनिसोवासट था, गफलत का युद्ध, करेंगे गलती को शुद्ध
युद्ध घोषित करके, जंग में कूद, मिट जायेगा, चीन का वजूद

ना इतरा, अणू के झकिरो पे, भरा हेकडी, बेडम, जंगी गुबारों पे
जंग लड़ा जाये होसले और ज़मीरों पे और सत्य की लकिरों पे

चीन ने सदियों तक की, अफीम की गुलामी,
साम्यवाद में हो गयी, चीन की निलामी
करोड़ो भारतवासी, मात्रभूमि को, करे सलामी
बढ़े आगे तो होगी हार की बदनामी

धोखे से वार करके हड़पली ज़मी, ना समझा भारत बरतेगा नमी
देश पे मरने वालो की नही कमी, लड़के लेंगे चीन से हड़पी हुई जमी

ना बढ़ना आगे कुचल देंगे, अरमानो को, नष्ट करेंगे, जंगी ठिकाने को
धवस्त करेंगे अणु के तहकाने को, दफन करेंगे, चीनी फोजी परवानो को

सुधरजा नही तो खेर नही, बेवजह, लाखों चीनियों का खून बही
सिकन्दर बनने का सपना ढही, पता चलेगा कौन गलत, कौन सही

''जय भारत माता की''

65

"सर काटना पड़ेगा भारी"

हेमराज का सर काटके ले गये धोके से, पाकिस्तानी सेनिक
इस बरबरता शीश संहार को, सेन्य भाषा में कहे अनेतिक

सर काटना, नपुंसकता का खेल,
लाचार देश, क्या जाने बहादुरी का खेल
खा खा के फोकट के बेल,
युद्ध धर्म के निकले जबरदस्त छंटेल

पाकिस्तान हो गया बेजात, पचा ना पाया अमेरीकी खैरात
पाकिस्तान की लूट गयी हेयात, भूल गया अपनी ओकात

अमेरीका से मिला अस्त्र शस्त्र का चकला, बारुद और अणु का गमला
जंगी झकीरों से, ना कर सकेगा भारत पे हमला, ना समझे भारत को अबला

ना इतरा बारुदी झकीरों पे, युद्ध ना जीता जाये भाग्य की लकीरों पे
कैसे विश्वास करे कपटी फकीरों पे, खरे ना उतरे अपने ज़मीरों पे

धरे रह जायेंगे सारे अरमान, जंग का सीला मचाये मोत का तूफान
काम ना आयेगी अणु की खादान, गुबारे ना भर सकेंगे, हवा में उड़ान

पेन्सट के जंग में, हमीद ने तोड़ी अमेरीमी टेन्के, हो जैसे लकड़ी के खोके

काम ना अयेगी चीन की जंगी नोके, हथियार डालने के ढुंडेंगे मौके

चार दफे चटाई तूझको धूल, इतनी जल्दि, ना इसको भूल
चन्द घन्टों में, लाहोर को कीया वसुल, बंगलादेश को कराया कबूल

धेर्य और जज्बों का, ना ले इमतेहान, करके देखले, जंग का ऐलान
हार जीत का फैसला करेगा, जंगे मैदान, मिट जायेगा पाकिस्तान

ना इतराये सैनिकों का सर काटके, बन गया सिकन्दर
है भुजाओं में ताकत, लेले कश्मीर को जंग जीत कर

पाकिस्तान भारत को ना उकसाये,
अमेरिकी अणु अस्त्रों पे ना इतराये
ना दो न्योता, युद्ध के बादल मंडराये,
करी खूरापात, काट के रख देंगे भुजाये

सर काटना पड़ेगा तुझको भारी, हर मोरचे पे भारत तुझ पे भारी
खेल के देखले, जंग की पारी, आ गये यमराज, करले मरने की तैयारी

भारत के रणबांकुरे का, छल कपट से सर काटके,
कीया नीचता का काम
सर काटने का देंगे इनाम, हज़ारों सरों से चुकाना होगा,
एक सर का दाम

जय भारत माता की

66
"आतंक के मोहरे"

पाकिसतान ना देखे कश्मीर का सपना, कश्मीर भारत की आन का अंगना
मज़हब की दुहाई देके चाहे हडपना, शेखचिल्ली जैसी करे कल्पना

भारत ने बक्शा, तुझको ठोर ठिकाना,
बापु की उदारता से बना पाकिस्ताना
जमुहरियत और इनसानियत को,
ना पहचाना, बना आतंकियों का आशियाना

लोकतंत्र के नारे केवल पन्नों में, राज फोजियों के चरणों में
प्रधानमंत्री खड़के नैनों में, सेनापति, राष्ट्रपति बने छणों में

पाकिस्तान बदलले अपना नाम, पाक शब्द का ना करे अपमान
शिवीरों में चले, आतंक का अभियान, फोजियो के हाथों में देश की कमान

पाकिस्तान ने बार बार लड़ी लड़ाई, चार बार हो गया धरासाई
चारों खाने चित हो के, मुंह की खाई, पंजाब प्रान्तों में करी आतंक की चढ़ाई

बीस साल से कश्मीर में, पाक का कहर
अनगिनत आतंकी हमलों का, भारत ने पीया ज़हर

अफज़ल की फांसी पे, आंसू बहाये,
लोकतन्त्र के हमलावर पे फूल चढ़ाये

अफज़ल पाकिस्तान भक्त कहलाये,
भारत में आतंक का, झन्डा फहराये

फांसी का बदला आतंकी हमलों से चुकाये,
हमलावर कुत्ते की मौत मारे जाये
देश पे मरने वाले शहीद कहलाये,
आतंकी हमलो से, कश्मीर को, ना दबा पाये

आतंकि हमलो से लाखो निरदोश लोगों ने, जान गवाई
जिन्दगी भूल गयी अंगड़ाई, खुशियां हो गयी पराई

इन्सानों के खून से भर गई खाई, घरों में ना सुने शहनाई
बच्चों के घर में, ना दिखे माई, बिना चुड़ियों के, हो गयी लुगाई

उज़ड़ गये घोसले, कलियां मुरझाई,
दिखे मोत का रुदन और तन्हाई
खून खराबा देख के, मानवता शरमाई,
पाकिसतान निकला बेवफा और हरजाई

आतंकि हमला करके, ना कर ताकत की ज़ोर अजमाईश
हमलों से डर के, भारत ना पूरी करेगा, कश्मीर की खुवाईश

जय भारत माता की

67

पाकिस्तान ना रहा पाक, हो गया खाक

पाकिस्तान बना, आंतकियों की खान, आतंकियों के हाथों,
मारे गये लाखों इंसान यहां चले फौजियों का फरमान,
लोकसाही, तानो साहो के आगे हो गयी कुर्बान

पाकिस्तान ने, गिरवी रख दिया इमान, फौजियों के हाथों में,
देश की कमान प्रजातंत्र का है केवल नाम, राष्ट्रपति,
प्रधान मंत्रियो की, फौजियों ने ले ली जान

यहां ना दिखे अल्लाह ओर भगवान मस्जिदें,
आतंक से हो गयी लहुलहान इसांनियत का ना दिखे,
नामों निशान, आंतक वाद है, पाकिस्तान की पहचान

जनता, महंगाई, भ्रष्टाचार से है परेशान, हर पल बदले हुकमरान
आंतकी हमले फिरोती डकेती से हुआ विरान, किसको सुनाये,
दिल के बखान

पाकिस्तान बदल ले अपना नाम, पाक शब्द को, ना करे बदनाम
कत्लखाना, आंतकियों का धाम, भुल गये अल्लाह का, नेक फरमान

कितने राष्ट्रपति, प्रधानमंत्री, मारे गये सेना के हाथ
हज़ारो हो गये जेलों में खाक, पाकिस्तान हो गया अनाथ

पाकिस्तान का, दुनिया में घट गया मान सम्मान,
किस पर करे मलान फौजियों, आतंकियों ने, बना दिया कबरिस्तान,
बिखर गये जिन्ना के अरमान

आतंक को सह देके, उजाड़ दिये खुद के, ओर, ओरे के बसेरे,
खुद हो गया आतंक से छलनी, मिट गई, मानवता की लकीरे

पाकिस्तान पर अमेरिका है मेहरबान, खाये अमेरिकी,
मुफ्त का अनुदान ना बची प्रभुसता ओर प्रजातंत्र की आन,
जम्हुरियत पर, सेना है बलवान

अमेरिका ने नवाजा पाक को, अणु अस्त्रों की खदान,
भारत पर बना रहे दबान आधुनिक शस्त्रों के संग,
दिया बारुदी सामान, पाक पर बना रहे ऐहसान

अमेरिका ने, बेवजह ना दिया अनुदान, बदले में लिया, पाकिस्तान
का दलान रुस, चीन, नेपाल, भारत, पाक अफगान, रख सके इनपे
निगहबान

सांपो को पिलाया विसपान, व्हाइट हाउस को, किया लहुलहान
खूब किया सम्मान, अमेरिका के, खुल गये दोनों कान

आंतक पर करी चढ़ाई, फते किया अफगान,
राड़ार में आ गया तालीबान लादिन को मार के, कराया समुद्रपान,
द्रोण सुनाये आंतकियो को मौत का फरमान

भारत से टूट कर, बना पाकिस्तान, हिन्दुस्तान ने, छुलिया आसमान,
भारत में, प्रजातंत्र का गुणगान, पाक में, फोजी बन गये हुकमरान

पाक छोड दे, भारत से लेना पंगा, ना बने, शान्ति में अडंगा
आतंकी हमला, सिर काटना छोड दे, भारत पड़ेगा तुझ पर महंगा

जंग के सोलो से, दुनिया बने शमशान, धरती, हो जाती लहुलहान
इतिहास के पन्नो में, मिले प्रमाण, युद्ध ने, नही किया कल्याण

धावों को भरने में, लगे जमाने, फौजी शहिद हो जाते, देश को बचाने
देश पर मरते, देशभक्त दीवाने, परवानो को, भूल जाते जमाने

उठो निन्द से, जगाओ फिर से पाकिस्तान, पढ़ो,
देशभक्ति की कुरान जगाओ, देश प्रेम और स्वाभिमान,
हो देश पर, तन मन से कुरबान

आतंक राज को बदल दो, देके बलिदान, दो आहुति, समझ के,
अल्लाह का फरमान आने वाली पीढिया, ना भुलेगी ऐहसान,
पाकिस्तान भी होगा, दुनिया में महान्

आतंक और नफरत को छोड के, रहो छोटे भाई ओर
पड़ोसी की तरह सीमा पर खेलो, प्रेम की होली,
दीवाली मनाओ, ईद की तरह, ना हो जिरह